U0368024

高等教育中外合作办学
高质量发展之路

Pathway to High-Quality Development in Sino-Foreign Cooperative Higher Education

吕旭峰　冯　清　刘　夏　赵泽源　著

内容提要

中外合作办学的发展是我国高等教育领域开展国际化合作办学的主要方式之一，在引进其他国家优质教育资源的基础上，与我国现有教育资源结合起来，共同助力高等教育改革与发展。

本书主要研究我国中外合作办学的高质量发展之路，共有六章，分析中外合作办学发展的历史和现状；通过对中外合作办学案例研究，探索中外合作办学在办学理念、教学模式、收费机制、相关政策等方面的经验；中外合作办学人才培养机制的模型构建；对中外合作办学高质量发展提出针对性的对策及建议等。

本书适合高等教育管理者、中外合作办学举办者、研究者、教师和学生阅读。

图书在版编目(CIP)数据

高等教育中外合作办学高质量发展之路/吕旭峰等著. —上海：上海交通大学出版社，2024. 12 — ISBN 978 - 7 - 313 - 31869 - 5

Ⅰ. G649. 2

中国国家版本馆 CIP 数据核字第 2024HA1440 号

高等教育中外合作办学高质量发展之路

GAODENG JIAOYU ZHONGWAI HEZUO BANXUE GAOZHILIANG FAZHAN ZHI LU

著　　者：吕旭峰　冯　清　刘　夏　赵泽源

出版发行：上海交通大学出版社　　地　　址：上海市番禺路 951 号

邮政编码：200030　　电　　话：021 - 64071208

印　　制：上海新华印刷有限公司　　经　　销：全国新华书店

开　　本：710mm×1000mm　1/16　　印　　张：11

字　　数：140 千字

版　　次：2024 年 12 月第 1 版　　印　　次：2024 年 12 月第 1 次印刷

书　　号：ISBN 978 - 7 - 313 - 31869 - 5

定　　价：88. 00 元

序　言

PREFACE

全球化进程的不断加速,推动高等教育国际化成为未来世界高等教育发展的主要趋势。学界对高等教育国际化的内涵界定众说纷纭,早在20世纪80年代,克拉克·科尔(Clark Kerr)在《扩展高等教育的国际维度》(*Expanding the International Dimension of Higher Education*)一书的序言中明确提出:"我们需要一种超越赠地学院观念的新的高等教育观念,即高等教育要国际化。"简·奈特(Jane Knight)提出国际化是"有意识地将国际的、跨文化的或全球理念融入国家教育目的、功能的过程"。阿特巴赫(Philip G. Altbach)则认为国际化是"国家政府部门、学术系统、高等院校乃至高校的院系等,为应对全球化而制定的政策和开展的项目"。但不论何种界定,国际化的、跨文化的或全球化理念正在高等教育领域乘势生长。

纵观目前英、法、德、美等公认的世界强国的形成与发展历程,可以发现世界强国无一不是教育强国,建设教育强国是全面建成社会主义现代化强国的战略先导。习近平总书记指出,要"增强我国教育的国际影响力。要根据国际形势发展变化,完善教育对外开放战略策略,统筹做好'引进来'和'走出去'两篇大文章,有效利用世界一流教育资源和创新要素,使我国成为具有强大影响力的世界重要教育中心"。这为我国高等教育对外开放和国际化高质量发展指明了方向。党的二十届三中全会也明确提出,"教育、科技、人才是中国式现代化的基础性、战略性支撑,要完善高水平对外开放体制机制,在扩大国际合作中提升开放能力"。因此,提升教育对外开放能力,高质量发展国际化教育,增强我国高等教育影响力无疑是我国教育强国战略的重要内容。

中外合作办学是我国高等教育国际化的重要方式之一,是跨境教育在我国的主要实现形式,自诞生之日起就成为我国高等教育走向世界的窗口。党的十八大以来,中外合作办学作为教育对外开放的重要载体,是我国扎根中国大地办大学的积极探索,是具有中国特色的跨境教育"中国方案"。十多年来,中外合作办学已经从起步探索阶段步入质量建设阶段,这一转变见证了中外合作办学所取得的跨越式发展和历史性成就,主要表现为:一是地位更加显著,政策体系日臻完善,从《关于做好新时期教育对外开放工作的若干意见》到《关于加快和扩大新时代教育对外开放的意见》,顶层设计基本形成,为高质量中外合作办学做好了政策准备;二是引进的教育资源整体水平持续提高,坚持审批制度,不断完善和创新审批程序和流程;三是质量保障机制更加完善,在坚持日常监管制度的同时,推进中外合作办学评估常态化和规范化,不断完善中外合作办学退出机制;四是人才培养质量和服务能力实现历史性跨越,中外合作办学学生满意度不断提升,毕业生的社会认可度和就业质量也不断提高,有力地推进了学科交叉领域国际化创新型人才培养和人才国际交流。尤其之前疫情席卷全球,中外合作办学机构和项目仍以过硬的教育教学质量通过大考,有效纾解了疫情影响下出国留学难问题。可以说,中外合作办学在我国教育对外开放的实践中交出了一份满意的答卷。

当今世界正在经历百年未有之大变局,在新的国际形势和我国"双一流"建设及教育对外开放战略推动下,中外合作办学作为引进国外优质教育资源、推动教育体制改革、培养国际化人才的重要途径,在人才培养、科学研究、社会服务、文化传承创新和国际交流合作等方面发挥了积极的作用，并取得了一些成效。然而，对标教育强国和高质量发展对高等教育国际化的相关要求，我国中外合作办学仍然存在一些短板和弱项。例如，我国中外合作办学机构布局不均衡，对外开放合作高校虽然覆盖全球近1/5的国家和地区，但70%以上的合作高校来自美、英、澳、加、俄、德、法，“一带一路”共建国家不超过20%。再如，中外合作办学拔尖创新人才培养质量仍有待提升，学生运用外语学习专业知识难度较高，也在一定程度上影响了国际化拔尖人才培养的质量。又如，中外合作办学服务国家和地方发展能力亟需提升，当前与世界顶尖高校的中外合作办学较少，合作层次和合作专业水平还不够高等。另外，中外合作办学机构或项目内部治理体制机制还不够完善，因管理体制的差异性，在师资选聘、评价考核、财务管理等诸多方面都出现了一些问题。

如何探索出一条具有中国特色的中外合作办学高质量发展之路?浙江大学中国科教战略研究院吕旭峰教授团队放眼全球高等教育发展形势，立足中国高等教育改革的现实需求，从宏观视野和微观分析角度构建了一个多维度、多层次的研究框架，并通过充分的案例分析和严谨的实证研究，为深入理解和推进中外合作办学高质量发展提供了全面而深刻的学术思考。本书首先从历史维度梳理中外合作办学发展脉络，继而通过对现状的深入分析和问题的精准剖析，揭示中外合作办学发展过程中的内在矛盾和外部挑战。后续运用多案例研究方法，选取西交利物浦大学、浙江大学国际校区、上海理工大学中德国际学院、中国矿业大学和皇家墨尔本理工大学合作项目等，对中外合作办学的主要形式(独立法人机构、二级学院和合作项目)进行全面而深入的案例剖析。在此基础上，进而对中外合作办学的人才培养机制和收费机制进行了深入的实证研究。从培养目标、招生、专业设置、课程安排、教学方法、管理机制、师资队伍到效果评价等多个维度，构建系统的中外合作办学分析框架。本书为探索适应高层次国际化人才培养的新模式提供了较好的理论支撑。

希望本书能为我国中外合作办学高质量发展贡献力量,激励更多的学者在这一领域精耕细作,为推进我国高等教育国际化进程添砖加瓦。

陈廷柱
华中科技大学

目　录

CONTENTS

绪　　论

第一节　中国高等教育国际化的战略抉择

一、经济全球化与高等教育国际化的必然趋势

随着经济的发展和社会的进步，经济全球化对世界各国的影响日渐扩大，尽管对于很多国家来说这是一把双刃剑，但是它的发展势头迅猛，且不可逆转。经济全球化不仅促进了各国之间的资本和商品流动，也使各国人民之间的距离不断缩小，国家和人民之间的关系越来越密切，世界逐渐形成一个不可分割的整体。此外，经济全球化的发展也推动了高等教育国际化进程，各国教育市场逐渐向其他国家打开大门，这有利于各国引进优质教育资源，加强教育交流与合作。为了应对高等教育领域日趋激烈的国际竞争，各个国家都在此过程中取长补短，努力提升本国教育水平，致力于培养有国际视野和竞争能力的人才。

作为实施对外开放战略的重要载体，中外合作办学的发展是我国高等教育领域开展国际化合作办学的主要方式之一。促进国际交流与合作是高等教育领域的五大改革目标之一，其宗旨是在引进其他国家优质教育资源的基础上，与我国现有的教育资源结合起来，共同助力高等教育改革与发展。高校的三大职能是人才培养、科学研究和社会服务，在

如今高等教育国际化的背景下，国际交流与合作应作为高校补充职能发展，保证中外合作办学质量提升和效益增加。2010 年的《国家中长期教育改革和发展规划纲要(2010—2020 年)》对于中外合作办学发展进行全面规划，表明了政府促进教育对外开放事业发展的决心和力度，标志着我国中外合作办学事业进入新的发展阶段。

近年来，中外合作办学快速发展，数量日益增加、办学层次逐渐提升、模式日趋丰富。根据中华人民共和国教育部中外合作办学监管工作信息平台，截至 2021 年 6 月，全国经审批机关批准设立的中外合作办学机构、承担的项目总数为 1 654 个，其中本科及以上机构、项目 946 个，原"211 工程"高校有 92.0%开展了中外合作办学。为了更好地应对国内外局势变化，我国中外合作办学应从"对外依附"转向"以我为主"的道路，办学层次、质量、效益有待提升，人才培养体制机制需要迭代升级。

二、教育对外开放战略与"双一流"建设对人才培养提出新要求

为了回应高等教育在新时代的新要求，习近平总书记在 2018 年全国教育大会上提出，要扩大教育开放，同世界一流资源开展高水平合作办学。2019 年 2 月由中共中央办公厅、国务院印发的《加快推进教育现代化实施方案(2018—2022 年)》指出，加快高层次国际化人才培养，促进办学质量提升的重要性。从我国的高等教育战略布局可以看出，中外合作办学已成为"高层次国际化人才培养"的重要方式。因此，新时代背景下高校中外合作办学人才培养有了明确的方向和使命。

自 2017 年我国高等教育"双一流"建设启动以来，中外合作办学进入提质增效提速发展阶段。首批 137 所"双一流"建设高校中开展中外合作办学的高校占比高达 87.6%。2018 年由教育部、财政部、国家发展改革委印发的《关于高等学校加快"双一流"建设的指导意见》提出，"促进高水平国内外教育的合作与交流，推动高等教育改革的进程，通过中

外双方优质教学资源的融合和教学模式的互学互鉴，以我为主创新人才培养机制”。与首轮“双一流”建设方案相比，第二轮“双一流”指导意见强调立德树人、突出人才培养的中心地位。最直接的表现是将突出人才培养中心地位列入基本原则。在第二轮“双一流”指导意见中，提到要“牢记为党育人、为国育才初心使命，更加注重三全育人模式创新，不断提高培养质量，着力培养堪当民族复兴大任的时代新人，打造一流人才方阵”。在“双一流”建设过程中，引进国外优质教育资源与我国高校进行有效交流与合作，实现融合与创新，有助于我国高校突破改革的瓶颈，所以，中外合作办学是促进“双一流”建设的关键环节。诸多“双一流”建设学校在办学目标上以世界一流大学为标杆，尝试成立有代表性的、独具特色的中外合作办学机构和项目，甚至将国际化发展列入一些高校的核心战略目标，成为其实现国际联合创新的重要途径。

面临文化教育战略“引进来、走出去”的发展机遇期，中外合作办学应主动与其他国家开展文化教育交流活动，坚持“开放、共享、包容”的理念，与其他国家高校进行教育文化领域的战略合作。但是，国际教育合作环境的改变对我国教育对外开放的质量、效能要求越来越高，因此我国在这方面还需作出更多努力。对办学实践中暴露的具体问题进行分析和评价，有利于中外合作办学人才培养质量的全面提升。新的时代背景下，建设能够体现中国特色的世界一流大学和一流学科，有利于提升我国高等教育的国际影响力，这也是目前我国高等教育领域改革的主要方向。

三、中外合作办学国家规范性催生人才培养机制优化

中外合作办学在发展过程中出现过因追求数量而导致质量良莠不齐的现象，涌现了一批教学质量低、办学效益差的机构和项目。为了更好地推进中外合作办学提质增效，中外合作办学“退出机制”得以落实。教育部于 2018 年首次公布终止 234 个本科及以上中外合作办学机构和

项目的名单，截至 2021 年 6 月，全国已累计停办或终止了 326 个机构和项目。其中很多是低水平、重复建设的“连锁店”办学形式，还有从未招生的项目，以及经过评估显示不合格或主动申请退出的。退出机制的建立有利于实现优胜劣汰和升级更新，最后盘活存量，达到提质增效的目的。退出机制的实施促进了中外合作办学审批与监管机制的完善，使高校提高自身实力和办学声誉，鼓励办学者不断提高自身在教育市场的竞争力。

中外合作办学在经过几十年的探索后，拥有了中国特色的人才培养经验，在引进国外优质教育资源和理念、促进人才培养机制优化方面取得了显著成效，但是由于受时间限制，很多方面的改革还需要经过实践检验，有些举措还需进一步改进。中外合作办学高校承担着“高等教育改革先行者”的角色，在人才培养机制改革方面，开创了与国外教育市场连接的新路，有很多举措都为我国高等教育体系改革提供了思路，但是目前关于中外合作办学人才培养机制的研究相对较为分散。因此，对中外合作办学人才培养机制进行深入性、系统性研究对中外合作办学规范化发展和高水平大学建设都将产生积极的影响。

四、国际形势变化促使中外合作办学人才培养机制调整

全球地缘政治局势变化、各国教育政策调整以及科技发展新趋势，推动了中外合作办学模式的创新和转型。首先，全球化进程中的不确定性增加了国际教育合作的复杂性。部分国家在教育和科技关键领域采取了新的政策措施，这在一定程度上影响了传统的国际学术交流和留学模式。例如，美国在教育和科技关键领域对中国采取了一系列遏制和打压政策，并通过签证和出入境政策对赴美留学和学术交流活动进行限制，削弱了家长和学生出国留学的意愿。其次，国内学生和家长对国际化教育资源的需求仍然旺盛，但对教育质量、安全保障和职业发展前景的要求更高。这促使中外合作办学机构需要不断提升教育质量，优化课

程设置，以满足学生多元化的发展需求。此外，数字技术快速发展为中外合作办学提供了新的可能性。远程教育、混合式学习等新型教育模式兴起，使得跨境教育合作不再局限于传统的物理空间。这为探索“4＋0”本科模式和“2＋0”研究生模式等创新型人才培养方案提供了技术支持。

除此以外，2021年中共中央印发了《中国共产党普通高等学校基层组织工作条例》，全面贯彻落实党的教育方针，系统总结高校人才培养计划、专业设置方案、师资队伍建设现状，对于偏差及时进行调整，这是国家教育决策和管理机构落实中外合作办学统筹监管的重要举措。根据教育部关于立德树人、思政教育、高校基层党建等一系列政策要求，在中外合作办学评估等工作中强化了政治方向，进一步明确中外合作办学的方向和定位；根据教育部印发《关于加强高校中外合作办学党的建设工作的通知》和《新时代高校思想政治理论课教学工作基本要求》等文件精神，将有关要求纳入评估指标体系，探索党建基本要求和单位党委要求相结合的党建评价思路，有利于党建工作实现“三同步”，即党的建设同步谋划、党的组织同步设置、党的工作同步开展；强调了中外合作办学党建工作评价对出境学习的学生不能例外等若干“不例外”要求；强调了在培养体系中融入爱国情怀和社会责任感等内容，整体上推动了中外合作办学机构和项目进一步明确办学方向，坚定办学理念。因此，面临新的国际形势，高校中外合作办学需要“以我为主”，创新人才培养机制，实现高质量发展。

五、理论意义

目前关于中外合作办学人才培养机制的系统研究较少，现有研究主要集中于对某所大学的个体案例介绍。所以，借助多案例对中外合作办学的人才培养机制进行系统分析，具有较强的理论意义。中外合作办学的人才培养在借鉴国外大学成功经验的基础上，选择性地保留了我国高校人才培养的合理部分，形成了独具特色的人才培养模式。本书从人才培养目标、招生、专业设置、课程安排、教学方法、管理机制、师资队伍和效果评价等维度入手，对中外合作办学的人才培养机制进行系统分析，以拓展人才培养机制的理论体系。此外，传统的人才培养模式重点关注社会本位需求，较少注重学生的个性发展。而中外合作办学高校不仅遵循学生成长的基本规律，也考虑到学生发展的多样性，为其提供满足自由发展的环境，使他们充分释放个性，从多角度探索顺应高层次国际化人才培养的途径、内容和评价方式。因此，对高校中外合作办学人才培养机制进行研究也能深化对人才培养规律的认识。

六、实践意义

是否拥有符合学校发展情况的有效的、优质的、完善的人才培养机制，直接决定了一所学校的人才培养质量和对整个社会的贡献。纵观世界一流大学可以发现，它们的共性是对人才培养的重视，同时依据经济、社会发展进程和学生成长规律形成独具特色、有效的人才培养机制。本书在对中外合作办学人才培养机制的特点及现存问题和原因进行系统分析的基础上，对比西交利物浦大学、浙江大学伊利诺伊大学厄巴纳香槟校区联合学院、中国矿业大学和皇家墨尔本理工大学合作办学项目三个案例的人才培养模式特点，总结他们人才培养的共同特征和成功经验，为中外合作办学人才培养机制的完善提供指导。

第二节　中外合作办学研究的理论演进

根据对 CNKI 学术总库的检索可以看出，关于中外合作办学的理论研究开始于 20 世纪 90 年代中后期。目前来看，关于中外合作办学的研究相对而言并不够丰富，以文献和硕士学位论文为主，博士学位论文较少,尤其是专著更为欠缺。已有研究以厦门大学中外合作办学研究中心为主,其次是一些参与中外合作办学的高校。通过整理和归纳相关研究,可以发现现有研究主要集中在以下几个方面。

一、中外合作办学的历史和发展进程

李盛兵(2015)等人依据中外合作办学机构在我国的发展现状,把中外合作办学的发展总结为三个阶段。

一是中外合作办学的开始阶段(1992—1994 年),此时期国外高校为了获取经费支持,通过合作的方式向其他国家教育机构提供付费课程,为了扩大教育市场范围,开始与我国高校建立合作关系。在梳理总结关于中外合作办学的政策拟订、实施、调整和完善等环节的基础上,薛二勇(2017)提出中外合作办学政策变更期包括审慎期、超越期和改进期。考虑到我国对外开放面临的新形势,中外合作办学发展的主要政策矛盾在于办学定位分化、办学目标散乱、办学指南不合规、部门合作不顺、供需矛盾存在等。根据 1993 年国务院发布的《中国教育改革和发展纲要》,为了顺应教育对外开放的大趋势,国家之间应促进对外教育交流与合作,在符合相关法律法规的前提下进行国际合作办学。

二是中外合作办学的兴盛阶段(1995—2009 年),其标志是世界贸易组织将教育活动列为服务贸易项目之一,在此之后对外教育交流得到进一步发展。为了把握高等教育发展的时机,我国很多教育机构纷纷选择与境外高校合作办学。1995 年国务院出台的《中外合作办学暂行规定》(现已废止),具体规定了中外合作办学的准则、审批流程、监管等程序,为中外合作办学的发展提供规范指南。2003 年起实施的《中华人民共和国中外合作办学条例》再次对中外合作办学进行详细界定和规范,为其进一步发展提供了法律保障。中外合作办学机构和项目的数量显著增长,在此时期成立了宁波诺丁汉大学、北京师范大学-香港浸会大学联合国际学院和西交利物浦大学三所具有独立法人资格的中外合作办学机构，极大促进了中外合作办学的发展。

三是中外合作办学的高质量发展阶段（2010 年至今），2010 年出台的《国家中长期教育改革和发展规划纲要（2010—2020 年）》指出，“努力办好少许有代表性的中外合作办学机构和一批中外合作办学项目，以多种方式支持各类高校开展多元化的国际交流”。

二、中外合作办学的成因分析

当今时代是知识经济时代，世界各国对于教育的需求越来越大，发展中国家对劳动者素质的要求越来越高，而教育则是培养高素质劳动者的最有效手段，因此发达国家抓住了发展中国家的这一需求，开展中外合作办学。

一方面，外方教育机构在扩大教育市场的实践中，获得了可观的经济和社会收益，通过与中方高校合作办学打开中国教育市场，是其获得资金和提升效益的有效方式。王凤兰（2015）认为，国外教育机构的合作办学收益是其教育投资的有效补充，有利于其占领国际市场，提升学校的声誉和国际知名度。另一方面，从中方来看，董秀华（2007）认为，我国现有教育体系很难满足社会多样化的优质教育需求。从学校的视角来看，中外合作办学能够提升高校的整体实力和市场竞争力，进而增加办学经费。许志伟（2016）提到，要对中外合作办学进行改革，且要整合优质教育资源、丰富办学方式，进而促进办学质量的提升和效益的增加，追求中外合作办学利益最大化。从家庭视角来看，周曲（2015）指出，现有的高等教育发展规模、层次、质量与教育消费者的需求存在严重的不匹配，因此通过中外合作办学的形式引进优质教育资源，是满足我国教育消费者需求的有效途径。从社会的视角来看，随着改革开放进程加快，经济、科技、教育等领域都对人才素质提出了新要求，而中外合作办学为创新型人才培养提供了支持。

三、中外合作办学的现状与对策

林金辉(2012)分析了中外合作办学与经济社会发展规律及内部诸多影响要素的联系,总结出中外合作办学的基本规律为“符合国家改革和发展的大方向”和“顺应学生的成长与发展”。中外合作办学的基本准则是“结果导向、公益性、引进优质教育资源、以学生为中心、满足多样化的教育需求、引进来和走出去相结合”。金忠明(2012)主要分析了具有独立法人资格的中外合作办学机构在发展过程中遇到的问题,指出这类高校现存的内部问题有“被动的教育主权和开放程度不足”“教学质量评估系统不完善”和“永续发展的阻碍”,外部问题包括“政府监管不当”“法律法规缺失”和“各方参与缺失”。从中外合作办学文化批判的角度出发,查强(2012)具体分析了中外合作办学的背景、特征和发展前景,认为其主要特点包括“合作办学中外双方层次不匹配;办学模式趋同;合作项目的学科设置集中;合作项目的地域分布不均衡”,并应用新自由主义理论和世界文化理论深入剖析中外合作办学的动力、存在的不足和障碍。多项研究表明,中外合作办学未来会呈现快速发展的趋势,与其盲目担心,不如考虑以何种方式、何种观念加以正确引导。

从教育主权来看,阳金萍(2004)认为,低水平的中外合作办学致使国外劣质教育资源进入中国教育市场并带来不利影响。如果外方高校争夺教育主权,会引起与办学目标背离、国外文化思想渗透等问题,因此坚持正确的教育主权观引导、提高办学质量、明确审批与监管流程、完善法律法规等措施对维护教育主权至关重要。从政策法规来看,覃美琼(2010)提出我国中外合作办学的相关政策制定不够及时,我国支持在新兴学科、交叉学科和急需学科范畴内开展中外合作办学,需要相关政策保障,促进高校联合具有优质教育资源的国外教育机构,共同举办这一类专业的合作办学活动。

四、中外合作办学的人才培养模式

林金辉(2012)等人根据中外合作办学的合作模式,将中外合作办学分为“嫁接型”和“融合型”两个类型,这两种办学类型形成了不同的人才培养模式。“嫁接型”办学模式采用“课程衔接”的方式培养跨国学生,中外双方仍采取过去的人才培养方式,在国内部分讲授基础理论课程及进行语言学习,国外阶段进行专业学习。“融合型”办学模式将国外教育观念和方式与我国具体实际结合起来,兼顾国际化与本土化特色,联合制定人才培养计划。

郭强(2014)等人认为,中外合作办学模式和发展形态呈现多样化趋势,根据办学组织方式可以分为中外合作办学机构和中外合作办学项目两个类型。关于人才培养类型,主要有国内外“3+1”“4+0”和“2+2”三种类型中的一种或多种混合形式,学生可以选择在中方和外方高校进行分阶段学习;关于毕业证书授予,包括双学位和单一学位两种形式,具有独立法人资格的中外合作办学机构和中外合作办学项目大多授予中外双方的双文凭;关于招生方式和生源,分为纳入国家高等教育招生计划和学校自主招生两种类型。中外合作办学的特殊性是由其办学性质所决定的。李兰巧(2005)认为,中外合作办学的特点包括互利性、效益性、多样性、复杂性等。林炜(2006)等人指出,中外合作办学具有多层次、区域性的特点,并呈现教育互补性、社会经济效益同一性的特点。

林金辉和刘志平(2010)主要探讨中外合作办学引进教育资源方面的问题,指出目前的问题主要有“中外双方学校的办学水平和资质不匹配;政府宏观调控不到位,不同区域之间发展差别较大,学科设置单一;审批和监管流程不完善,教学质量评估体系不健全;对外籍教师管理不规范,师资队伍素质参差不齐;公益性与营利性的矛盾”。叶林(2012)通过实证分析研究了中外合作办学项目学生就读体验,发现培养项目中存在外籍教师授课不认真、中方教师参与不充分、外文资料得不到有效利用等问题。李盛兵(2010)等人从人才培养方向、培养过程、培养制度和培养评价四个方面对中外合作办学人才培养模式进行总结,指出现存的主要问题:有模式固化、国际化与本土化矛盾、培养方向偏离、师资队伍稳定性较差和质量保障体系不完善。

五、中外合作办学人才培养现状评价

尽管中外合作办学人才培养规模显著增长、办学质量快速提高,但仍存在很多亟待解决的问题,很多学者都对此发表了自己的看法。尧文群(2009)提出,我国高校与国外高校之间的教育交流合作日益密切,我们在看到其积极影响的同时也要注意随之而来的一系列问题。徐洁(2003)对于中外合作办学的教育主权、合作模式、双方高校合作办学资质、人才培养及监管等现实情况作出评价,并指明了改革的方向。任雅静和陈业玮(2010)认为,我国中外合作办学的独立学院模式保持持续发展的良好势头,但在实际运行过程中也存在着若干现实问题。吴庆华(2009)表明,中外合作办学人才培养存在公益性与营利性的矛盾、市场运行体系与管理机制的冲突等障碍,需要利用政策对其加以引导,并规范制度建设,促进中外合作办学人才培养的长远发展。叶敏(2007)从中外合作办学的意义入手,点明中外合作办学人才培养存在的问题,并探讨完善中外合作办学人才培养的方式以提高学校的竞争力。高明(2009)认为,中外合作办学人才培养从整体上看呈现平稳的发展态势,目前已出现了一批办学资质过关、质量较高、独具特色的中外合作办学机构和项目,在培养新时代所需人才、引进国外先进教育经验和促进我国高等教育领域的发展方面作出了贡献;但是同时也存在着办学水平低、发展差距大、管理不规范等问题。

六、对已有研究的评价

通过以上对中外合作办学相关研究的梳理和分析可以发现,①已有研究从宏观上主要包括中外合作办学人才培养机制改革的背景、意义和完善的方向；微观上主要涉及中外合作办学人才培养机制在国际化人才素质、招生、专业设置、教学安排等组成要素方面的特征。中外合作办学自身的发展时间并不长，现有关于中外合作办学人才培养机制的研究主要通过放在办学模式中论述或者作为案例来具体探讨，而关于中外合作办学人才培养机制的系统研究比较少。②中外合作办学以培养国际化人才为目标，在人才培养机制的构成要素等方面都有其特色和优势，这种独特性不是停留在表面的，而是整体，因此对中外合作办学人才培养机制的研究，应从整体上进行系统的思考。③当前对于中外合作办学人才培养研究缺乏结合中国国情及人才培养特殊性考虑。中外合作办学人才培养的实践经验对今后乃至未来优化中外合作办学人才培养路径具有十分重要的意义。而目前的研究仍延续国外母体高校的培养标准和培养举措，忽视了中国国情和“以我为主”的理念。

第三节　研究框架与方法论创新

一、核心概念界定

(一) 中外合作办学

1. 中外合作办学的概念

根据《中华人民共和国中外合作办学条例》，中外合作办学是指外国教育机构与中国教育机构在中国境内合作举办以中国公民为主要招生对象的教育活动，主体是双方教育机构，方式是合作，对象主要是境内中国公民。中外合作办学是我国教育事业的组成部分和教育对外开放的重要形式，属于公益性事业，其核心是引进国外优质教育资源，合作双方必须在办学条件、教育教学、管理等方面开展实质性合作，按照办学主体可以分为机构和项目两种办学形式。中外合作办学机构分为独立法人、非独立法人两种(见表0-1)。独立设置模式下的中外合作办学机构由中外双方共同出资,形成了独立自由的法人财产,符合办学条件,独立承担办学责任,并获得国家教育行政部门批准。非独立设置模式下的中外合作办学机构不具有独立法人资格,主要是中外合作办学项目与二级学院,这类设置模式是当前中外合作办学的主体。中外合作办学项目是指中国高等教育机构与境外机构以不设置独立机构的方式,在学科、专业等领域合作开展教学活动。项目通常设置在中方校园内,由中方招生,受中方管理和约束,中外双方共同制定培养目标和教学规划。

表0-1　中外合作办学的组织模式

	独立设置模式	非独立设置模式	
		中外合作办学二级学院	中外合作办学项目
定义	中外双方共同出资,符合办学条件,独立承担办学责任,并获得国家教育行政部门的批准	由中国教育机构与国外高等教育机构共同实施合作教学活动	我国高等教育机构与境外机构以不设置独立机构的方式,在学科、专业等领域合作开展教学活动
优点	独立承担民事责任及财务核算	兼具灵活性和自主性	教学分两阶段进行,中方提供基础课程教学,外方提供高级课程,中方院校强化英语教学
	独立办学环境和组织	降低成本与风险	具有相对独立性,在招生教学、财政方面有自主权
	独立招生和授予学位证书	便于管理	董事会等管理制度更加完善
缺点	需要独立筹集大量经费	受到母体学校干预	引进优质教育资源方面薄弱

随着教育国际化进程推进,我国高校积极开展与国外教育机构的教育交流,这有利于系统整合双方的优质教育资源和先进办学理念;同时,

在合力创建高水平综合性大学的过程中，助力整个教育系统改革，最终实现国际化教育的层次升级。

2. 中外合作办学的特点

（1）中外合作办学发展的前提条件是要维护我国的教育主权，培育兼具全球视野和世界眼光以及家国精神和民族认同感的高层次国际化人才成为高等教育国际化发展的战略目标。因而，对国家教育主权和国家文化安全的保护成为重要环节。为了促进中外合作办学事业的规范化发展，我国出台了相关的法律法规，包括《中华人民共和国中外合作办学条例》等，保证中外合作办学机构和项目的办学理念、方式、标准等不与之相悖。

（2）一方面，要维护中外合作办学事业的公益性，因此对于不合理收费的现象要坚决抵制，使这些中外合作办学机构和项目严格遵守相关规定，准确认识中外合作办学原则和主旨，促进中外合作办学事业良性发展。另一方面，也要确保中外合作办学者、教师和学生这三方教育主体的权益，意味着要实现教育公益性原则与获取适当利益的平衡，以奖励的方式确保获取合理回报，具体实施原则可以参考现有法律《中华人民共和国民办教育促进法实施条例》。

（3）将办学质量提升作为中外合作办学发展的出发点。随着中外合作办学的市场化发展，教育提供方为了盈利或其他目的，可能会选择降低考核标准来保证学生顺利毕业，这严重影响了人才培养质量。表面上，学生得到了预期结果，但实际上真正的教学目的并没有得以实现，学生的利益也在一定程度上受损害。因此，完善质量保障体系有利于保证办学质量，也是维护学生利益的重要手段。

（二）人才培养机制

1. 人才培养机制的概念及内涵

“机制”原指机器的构造和运作原理，借指事物的内在工作方式，包括有关机构组成部分的相互关系以及各种变化的相互联系。机制与体制、制度相区分,体制指的是机构设置、管理权限等,限于上下之间有层级关系的国家机关、企事业单位,本质是社会体系中不同要素之间的体系构造和相互关系的制度。体制与机制具有相互作用的关系。一方面,体制决定着机制,也包含着机制,体制是机制发挥作用的前提条件;另一方面,一定的体制只有依赖与之相适应的运行机制才能实现。体制和机制是制度的两个方面,体制是静态的,机制是变化的。制度是要求成员共同遵守的规章或准则,无论何种制度都包含体制和机制两部分;此外,在体制和机制中产生的固定规则,也称为制度。体制是机制的物质载体,机制又依赖制度保障,三者缺一不可。

人才培养机制指的是在人才培养过程中内部诸多要素之间的相互关系和运行方法,即以人才培养目标为指导,确定恰当的人才培养方案,组织高水平的师资队伍,在特定人才培养制度指导下,实施人才培养行为,是一种综合的、不断变化的人才培养运行手段,主要体现了在人才培养行动中的各种联系方式和运作渠道。是在特有的办学思路和理念引领下,具有一定规范性和可行性的人才培养活动模式和框架,也是为了实现特定办学目标而实施的由诸多要素组成的人才培养方式或运行标准。内涵包括:

(1) 人才培养机制的良好运转需要在特有的办学思想和理念的指导下进行;

(2) 人才培养机制有双重性:一方面,它由诸多要素组成,是相对稳定的;另一方面,它又不是一成不变的,需要适时调整,所以也是动态的;

(3) 人才培养机制具有一定的规范性和可行性,只有在规范的情况下进行,才能保证整个过程不背离初衷。人才培养机制要付诸实践,它的开展才有实际意义;同时,稳定性更是这一机制能够长期运行的前提。

2. 人才培养机制的构成要素

人才培养机制由以下 5 个要素组成(见图 0－1)。

图 0-1 人才培养机制的构成要素

(1) 人才培养理念。人才培养理念是教育活动实施的思想源泉,它在整个人才培养活动中起着主导和支配地位,包含了人才培养方向、方式和具体安排的想法、价值选择的集合。不同高校采取不同人才培养方式的根本原因在于人才培养理念的不同。

(2) 人才培养目标。人才培养目标是指把目标受众培养成预期的社会角色,使之成为具备相应知识和能力的人。在当前的社会环境下,人才培养目标往往被人才需求所影响,即高等教育倾向培养社会所需要的某些领域的人才,主要是为了填补岗位空缺,充实薄弱环节。

(3) 人才培养过程。人才培养过程是将人才培养理念变成现实的重要步骤,也是人才培养目标得以实现的关键环节。主要通过相应的课程培养系统、教学安排、管理机制等途径来实施人才培养活动,包括了专业设置、培养计划和培养方式三个方面。

(4) 人才培养手段。人才培养手段指的是在人才培养过程中采取的一系列方法,目前主要由课堂教学、课外实践和理论指导等方式组成。随着当前高等教育改革的推进,改革的热点也转向创新人才培养机制,而这关键就在于采取什么方法来培养人才。

(5) 人才培养体系与评价。人才培养体系指的是人才培养过程中制定的相关规则和程序,这是人才培养机制得以顺利运行的重要保证。人才培养评价是指按照一定标准而设立的与培养目标、方式、过程等相符合的评价标准。

3. 人才培养机制的特点

人才培养机制是一个动态的开放系统,由多方面构成。纵向上,中外合作办学人才培养机制贯穿学生从入学到毕业的全过程，是推进学生进步和成长的动态过程；横向上，中外合作办学人才培养机制由诸多构成要素相互联系。总体上，中外合作办学人才培养机制的特点包括动态性、实践性、系统性、目标性和教育性。

(1) 动态性。不同的教育形式有各自的优势和特点，对于各类人才培养至关重要，但是根据教育对象、办学目标、教学层次和环境的区别，采取的具体培养模式也会发生变化；人的复杂性和社会不断发展和进步，都决定了高等教育人才培养机制不可能始终不变，具有动态性。动态性是高等教育人才培养机制的首要特征，是在社会发展过程中所形成的特点。

(2) 实践性。人才培养机制构建不能仅依据已有理论，而是要在一定的时间基础上进行梳理总结，并保证不断更新。人才培养机制好坏不是由其本身所决定的，一定要通过实践来检验。所以，人才培养机制形成在考虑时代特征的同时，也要兼顾学生的当下发展情况和社会需求，在总结原有经验和教训的基础上，不断改进。

(3) 系统性。人才培养机制是一个包含诸多要素的动态系统，这些要素之间是相互联系、相互影响的，其中某一要素改变都会带来整体性变化。人才培养机制的各构成要素之间没有主次之分，它们都发挥着各自的独特作用。同时，这些要素的相互协调配合也会形成合力，产生事半功倍的效果。

(4) 目标性。目标导向是人才培养机制构建和顺利运行的内生动力，所以，目标性是人才培养机制的核心。由于教育的本质就是有目的地培养人的活动，这就决定了高校在构建人才培养机制过程中，首要考虑的就是目标。

(5) 教育性。教育性是高校人才培养机制的特有属性，人才培养机制的关键就是对人的培养，这是与其他培养机制相区分的重要特征。因此，就人才培养机制而言，教育性是整个培养过程的基础和导向。

二、理论基础

（一）协同论

协同论是系统科学的分支理论，也称“协同学”，即协同合作，是探究不同系统之间在何种前提下相互联系及互动规律的理论。简单来说，“协同”的内涵包括子系统之间的协同合作形成总体的有序结构，几个序参量的协同合作决定系统的总体结构。子系统在自发、无规则独立运动的同时，又受到其他子系统的影响，进而形成协同运动。协同形成过程有三个特点：一是开放性，开放系统是实现协同的前提；二是协同性，以协同为基础，子系统才可以发生相变；三是随机性，诸多子系统及要素形成多种相互作用就出现了随机性的特点。

协同论视角下的中外合作办学人才培养，如图 0－2 所示。人才培养是中外合作办学的核心系统，国家、地方、高校都以它为中心形成相应的子系统，而这三个子系统内部又有单独的变量小分子，影响着子系统

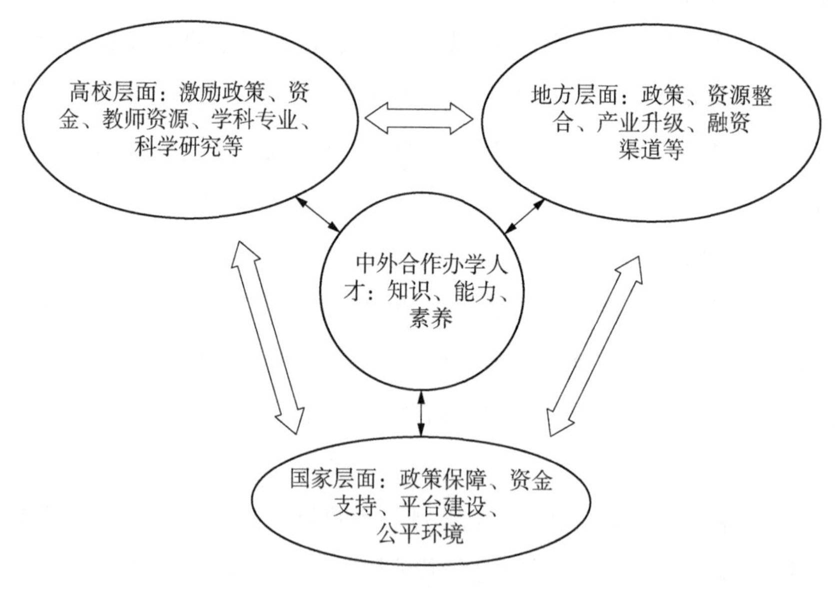

图 0－2　中外合作办学人才培养系统图

内部协同发展，而在宏观大环境下，各个子系统之间又相互影响、共同发展。国家提出了中外合作办学，同时也提供了环境、政策、资金支持；地方在国家政策指导下，通过调整产业结构、创新社会生态等方式助力人才培养活动；而高校作为人才培养的重要基地，调整师资结构、学科专业设置和科研系统创新机制，以适应中外合作办学人才培养，这些都是在有形或无形中形成的相互作用。

（二）系统论

教育活动的产生和发展是在特定的社会大背景下、特定的理论基础上进行的，与高校中外合作办学人才培养机制相关的理论有很多，本节将系统论作为理论基础之一。系统论重点探讨整体与局部之间的相互关系和系统内部架构、本质、功效、机制的交换过程，以把握系统整体，达到最优的目标，包括整体性、层次性、目的性、动态性、相关性等原理（见图0－3）。中外合作办学的人才培养是一个开放的、动态的、相互联系的、多样化的整体，而不是指高校采取单一化手段培养国际化人才。系

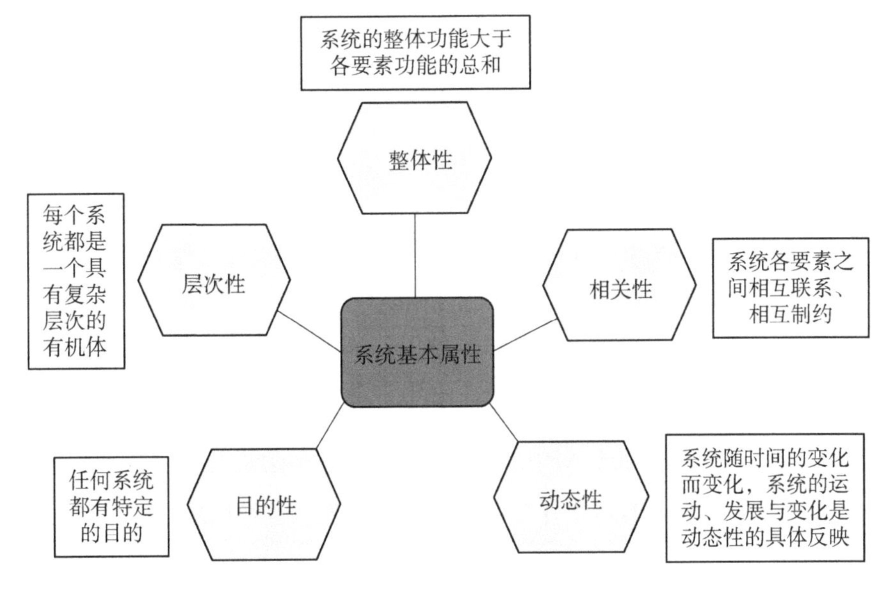

图0－3　系统论的内涵

统的动态性是整个系统顺利运行的前提条件，中外合作办学人才培养机制是一个灵活的、动态的、可以及时调整的体系。环境是系统永续发展的所有外在条件的集合。

以这一观点为指导，本书是在中外合作办高校这一大环境下，对其人才培养机制进行研究，人才培养也离不开环境，只有互相交流融合，才能促进其良好健康发展。①系统的整体性指的是整个系统并不是各部分的简单相加，整体最优不等于部分最优，要将局部性能维持在满足最佳的合适状态。这一原理对中外合作办学人才培养过程中各种资源如何整合以实现最佳结果，具有重要的参考价值。②系统的层次性指的是系统由诸多要素构成，系统有效运行与否主要取决于层次是否分明，这对于清楚认识各层次提出了新的要求。这一原理对中外合作办学人才培养的学科和课程设置如何达到合理、保障机制如何发挥最大作用具有重要的参考价值。③系统开放性指的是需要与外界进行物质、消息交换，从而实现稳定的发展，发展水平也与开放程度和适应程度呈正相关。这一原理对中外合作办学人才培养的评价机制和实习实践活动等都具有重要的参考价值。因此，中外合作办学人才培养机制是一个重视人才成长的、动态的、协同的、系统化的机制。

三、研究思路

根据研究问题和研究方法，本书将按照“提出问题—分析问题—解决问题”的思路展开研究。全书共分 6 章进行论述，研究框架如图 0－4 所示。

绪论主要介绍了中外合作办学的现实背景，引出中外合作办学存在的问题，并进行文献综述，对中外合作办学的相关概念进行界定，明确中外合作办学的最新动向，对中外合作办学的研究现状进行归纳总结，指出当前研究的不足并确定本书的主要出发点，为后文的案例分析提供分析框架。同时阐释了研究内容、研究方法、研究思路与框架、研究意义等。

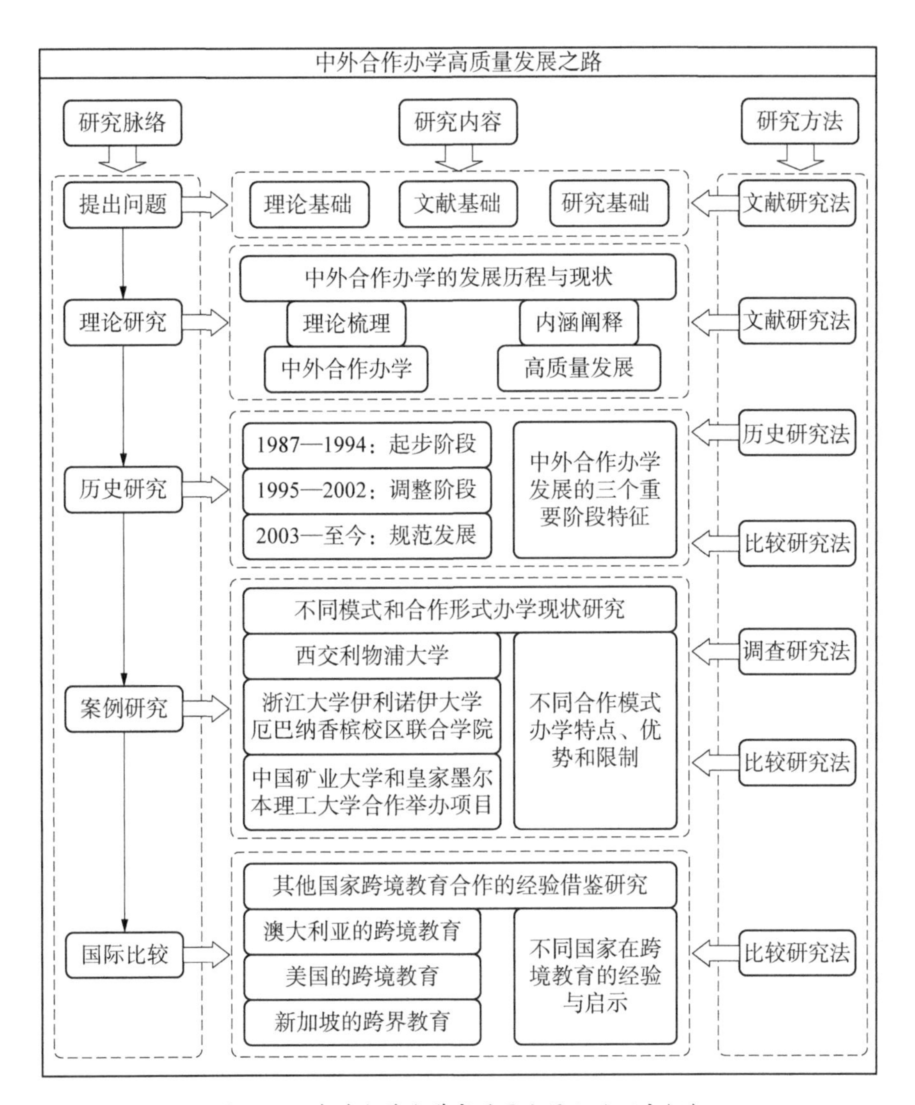

图 0-4　中外合作办学高质量发展之路研究框架

第一章梳理中外合作办学的历史背景与发展历程，包括该领域的起源、发展动因以及关键节点。从中外合作办学起步阶段（1978—1994年）、调整阶段（1995—2002 年）、规范发展阶段（2003 年至今），讨论项目的管理体制、办学结构、办学模式、办学质量、办学规模、主要合作形式以及涉及的学科领域。在考察中外合作办学起源的基础上，探究外国高等教育机构进入中国的动因和影响因素，以及中国高等教育机构与外国合作办学的兴起情况。通过这一历程的研究，揭示中外合作办学的发展轨迹和演进趋势。

第二章对中外合作办学存在的问题进行分类和深入分析。从多个维度入手，如质量控制、文化差异、管理与合作伙伴关系、政策与法规、审批与监管等方面，系统地梳理中外合作办学中出现的问题，以便准确把握存在的挑战和难题。

第三章和第四章包括中外合作办学的案例研究。分析中外合作办学的主要模式和合作形式。包括合作办学项目的分类，如中外合作办学的学位项目、双学位项目、联合培养项目等。同时，对中外合作办学的不同合作模式进行分类、分析和比较。探讨中外合作办学机构（独立法人机构和非独立法人机构）、联合办学项目、中外合作办学学院、跨国办学项目等常规合作模式的特点、优势和限制，并研究其在国际范围内的应用情况。

第五章是中外合作办学收费机制研究。分析中外合作办学的相关政策、收费现状及其收支情况。介绍与中外合作办学相关的法律法规和政策文件，并说明收费标准的制定和审批流程。同时，分析中外合作办学机构和项目的学费、住宿费、服务性收费及代收费等具体收费情况，包括不同类型学校和专业的收费标准差异、各省市的收费基准标准以及收费的具体支出情况。通过这些分析，全面揭示中外合作办学收费机制的现状及存在的问题。

第六章研究中外合作办学高质量发展的对策和建议。研究其管理体制和政策法规，分析其现状和存在的问题，提出完善管理体制的建议，探讨中外合作办学中的知识产权保护、商业模式创新、风险管理等关键问题。提出相应的政策和制度保障，以确保中外合作办学的可持续发展和合作关系的稳定性。

四、研究内容

新时代随着教育全球化发展，我国高等教育国际化进程日益显著，中外合作办学作为扩大开放教育的重要载体，是我国高校实施国际化办学的重要途径之一。世界处于百年未有之大变局，面对国内外局势的新变化，促使我国中外合作办学从“对外依附”转向“以我为主”道路，中外合作办学的办学质量、办学规模、办学效益等重要发展路径，也同时促使国家审批与监管要进行迭代升级。

截至2021年6月，全国经审批机关批准设立或举办的中外合作办学机构、项目总数为1 654个，其中本科及以上机构、项目946个。原“211工程”高校有92.0%开展了中外合作办学。

高等教育普及化时代，中外合作办学应该是“一流多元”的。建设具有国际竞争力、影响力、中国特色的一流中外合作办学机构和项目，建设一流学科，形成世界一流的中外合作办学体系。构建中外合作办学多元主体联动机制，包含政府、高校、国外合作方、国内合作方、社会、学生和家长多元参与者、推动者等相关利益者多元化，确保学生来源、需求规格、人才培养模式等诸方面改革与创新。

中外合作办学在推动“双一流”建设中发挥推动与促进的重要作用。很多一流大学建设高校，在合作目标上纷纷瞄向世界一流大学，并且要探索建立示范性强、特色鲜明的办学机构，甚至将“国际化发展”上升为学校发展的核心战略，通过中外合作办学助力国际协同创新。

2019年，中共中央颁布的《关于加强高校党的政治建设的若干措施》，2021年中共中央印发《中国共产党普通高等学校基层组织工作条例》，加强党中央关于高等教育的决策部署，全面贯彻党的教育方针，系统梳理了学校人才培养方案、学科发展规划、师资队伍建设计划等，及时校准偏差，这些任务举措的完善，体现了国家教育决策和主管部门对中外合作办学的统筹与管理。

面对国际教育交流与合作生态环境的巨大变化，我国教育对外开放在结构优化、质量提升以及效能提升方面还有很多不足，“提质增效”的内在诉求十分迫切。“双一流”建设作为我国高等教育中外合作办学的主力军和领头羊，始终走在中外合作办学的前列。全面评估和总结其办学过程中暴露的问题及原因，将有助于我们更好地推动其高质量开展中外合作办学。

新时代新形势下，如何建设好具有中国特色的世界一流大学、世界一流学科，并能在新时代发挥出我国高等教育在国际上的影响力，是我国高等教育目前建设的重点方向。

五、研究方法

（一）文献研究法

通过对中外合作办学的相关文献进行综述、分析和整理，以了解中外合作办学的发展历程、合作模式、规模发展、政策与法规等方面的现状和问题。包括收集历史文献、政策法规、学术论文、报告等文献，并对其进行综合分析，从中获取相关信息和洞见，为后续研究提供理论基础和参考。

（二）数据收集与分析法

通过收集中外合作办学的相关数据，如项目数量、类型、地理分布等，以及学生评估、学位认证、教学质量等方面的数据，进行分析和统计。揭示中外合作办学的规模发展和质量问题，帮助研究者了解合作办学的实际情况，发现问题和趋势，为后续研究提供实证支持。

（三）问卷调查法与访谈法

通过设计问卷或进行访谈，调查中外合作办学项目的多元参与者、合作伙伴、学生等的看法和体验。通过收集他们对合作办学的评价、存在的问题、文化差异等方面的观点，深入了解合作办学的实际情况和问题，并为问题分析和解决方案提供重要的实证数据和意见。

（四）案例研究法

案例分为两个方面，一是中外合作办学机构。包括独立法人机构（如西交利物浦大学、宁波诺丁汉大学等）和非独立法人机构[如浙江大学国际联合学院（海宁国际校区）、上海交通大学密西根学院、上海理工大学中德学院等]。二是选取一些中外合作办学项目作为案例，进行深入研究。调查和分析项目的合作模式、管理与合作伙伴关系、质量控制等方面，揭示成功经验和存在的问题，并从中总结经验教训。提供具体的实例和案例，帮助研究者深入理解中外合作办学的实践问题和挑战。

（五）比较研究法

选择其他国家或地区的跨境教育经验作为比较对象，对比合作办学的政策、合作模式、质量保障体系等方面。通过借鉴其他国家或地区的成功经验和启示，为中外合作办学的高质量发展提供建议和对策。从国际视野出发，思考和解决中外合作办学面临的问题。

第一章

中外合作办学的历史发展与现状分析

第一节　中外合作办学的历史发展

一、中外合作办学起步阶段(1978—1994年)

1983年,邓小平同志提出教育“三个面向”的理念,其中“面向世界”的理念既为中外合作办学的深化发展奠定了思想基础,也促进了教育国际化发展。1985年,我国围绕教育体制进行了改革,出台了《中共中央关于教育体制改革的决定》,在此之后,国家开始探索建立新型教育机制,鼓励学校开展国际化教育与学术交流等。

但是从1978年到20世纪80年代,中外合作办学都没有具体的政策作为指引。国家教委在1993年出台了《关于境外机构和个人来华合作办学问题的通知》,明确指出不接受中外合作双方联合办学,特殊情况报国家教委批准。此阶段中外合作办学的发展无明显体系,以国家总体教育方针政策中的一些基本原则作为合作办学依据。

1993年2月,我国颁布了《中国教育改革和发展纲要》,《中国教育改革和发展纲要》是20世纪90年代乃至21世纪初教育改革和发展的蓝图,是建设中国特色社会主义教育体系的纲领性文件。《中国教育改革和发展纲要》就国际办学进行了明确阐述,文件中提到:“进一步加强国际教育交流与合作，扩大教育对外开放，吸收与借鉴世界各国发展教育的成功经验和人类科学文化成果。”

二、中外合作办学调整阶段(1995—2002 年)

为落实《中国教育改革和发展纲要》精神，加强对中外合作办学的管理，促进我国教育事业发展和教育对外交流与合作，1995 年 1 月 26 日，国家教委发布了《中外合作办学暂行规定》(以下简称《规定》)，文件中指出：“中外合作办学是中国教育对外交流与合作的重要形式，是对中国教育事业的补充。中外双方可以合作举办各级各类教育机构，但义务教育以及国家有特殊规定的教育、培训除外。”《规定》中也明确了中外合作办学申请与审批要求、运行机制以及监督管理准则，中外合作办学机构受教育行政部门的指导、管理、监督、评估和检查。虽然内容仅为宏观性的指导意见，但是构建了中外合作办学的基本框架，中外合作办学进入了初步探索阶段。2001 年中国正式加入世界贸易组织(WTO)，在世界贸易组织的框架下，中国教育进一步融入世界教育体系。国际服务贸易的提供方式主要有境外消费、商业存在、跨境交付、自然人流动四种。这四种提供方式对推进教育领域发展起到了不同的作用。

三、中外合作办学规范发展阶段(2003 年—至今)

在主动与世界贸易组织规则接轨的过程中，为了规范中外合作办学活动，加强教育对外交流与合作，促进教育事业的发展，中国在 2003 年制定了《中华人民共和国中外合作办学条例》(以下简称《条例》)，自 2003 年 9 月 1 日起实施。《条例》是一部专门规范中外合作办学活动的行政法规，为中外合作办学发展提供了更加完备的法律保障。《条例》是我国适应加入世界贸易组织的新形势，进一步扩大教育对外开放，引进境外优质教育资源，满足人民日益丰富的教育需求，推进教育改革和发展的重要举措。《条例》表明：“国家对中外合作办学实行扩大开放、规范办学、依法管理、促进发展的方针。国家鼓励引进外国优质教育资源的中外合作办学。"主要内容分为设立、组织与管理、教育教学、资产与财务、变更与终止、法律责任等。它是迄今为止规范中外合作办学最高层次的法规,法律效力大大增强。为高中阶段中外合作办学进一步发展提供了政策保障,使得高中阶段中外合作办学实现了世界贸易组织基本规则与中国教育服务承诺相衔接。2004 年,为有效实施《条例》,教育部颁布了《中华人民共和国中外合作办学条例实施办法》。政策呈现"以我为主"的主权意识和"积极谨慎"的智慧。在国家扩大开放、规范办学、依法管理、促进发展方针的指引下,中外合作办学逐步走上规范发展的轨道。

2006 年,教育部为更好地促进中外合作办学的稳步健康发展,针对中外合作办学中突出的问题,提出了《教育部关于当前中外合作办学若干问题的意见》。主要针对中外合作办学原则、方针、政策导向、质量管理、项目管理、收费管理六个方面提出意见,细化管理制度和措施。保障中外合作办学为促进我国教育发展与改革、增强我国教育的国际竞争力服务。《条例》及其实施办法施行以来,教育部相继颁发了一系列规范性文件,对加强中外合作办学的管理工作发挥了重要的作用,但仍存在一些突出问题,为了提高中外合作办学的可持续发展能力,教育部在 2007 年出台《教育部关于进一步规范中外合作办学秩序的通知》,强调要牢牢把握好审批入口关,进一步加强中外合作办学全过程的监督管理。引导各地教育行政部门和教育机构更加理性看待中外合作办学。2010 年颁布与实施的《国家中长期教育改革和发展规划纲要(2010—2020 年)》(以下简称《纲要》)明确提出:"引进优质教育资源。吸引境外知名学校、教育和科研机构以及企业,合作设立教育教学、实训、研究机构或项目。鼓励各级各类学校开展多种形式的国际交流与合作,办好若干所示范性中外合作学校和一批中外合作办学项目。"对接下来的十年中外合作办学作出整体规划,推动中外合作办学全面发展。《纲要》强调办好若干"示范性"中外合作学校和项目,表达了新阶段我国对高中阶段中外合作办学质量提升的要求，也标志着中外合作办学发展从规模扩张进入以质量提升为主的阶段。

为落实《纲要》的精神，纠正中外合作办学在高速发展过程中出现的乱象，教育部不断加强对中外合作办学的监管和相关政策调整。2013年重新修订《中华人民共和国中外合作办学条例》，对违规办学活动开始逐步清理整治等一系列举措。

2018年，教育部办公厅下发《关于批准部分中外合作办学机构和项目终止的通知》，先后办理完成5个中外合作办学机构和229个中外合作办学项目的退出程序，标志着中外合作办学开始启动退出机制。退出机制的规范有序运行，有利于中外合作办学更高质量发展。退出机制常态化制度化运行，是新时代中外合作办学适应社会主要矛盾转化、满足人民群众更高质量教育需求的必然要求。

《教育部2021年工作要点》中指出，需要全面推进依法治教，组织开展中外合作办学条例立法调研。同时推进高水平教育对外开放，推进《中华人民共和国中外合作办学条例》及其实施办法修订，研制《中外合作办学评估管理办法》《推进海外中国国际学校建设工作方案》，推动海外中国国际学校试点建设，出台《关于促进普通高中中外合作办学规范发展的指导意见》等。加快和扩大新时代教育对外开放，优化全球布局，加强人才培养和科研国际合作，推动教育对外开放高质量、内涵式发展。

第二节　中外合作办学的基本情况

一、办学结构

全国中外合作办学机构发展迅速，数量逐年增多，总体处于不断稳步上升状态，尤其是党的十八大以来，中外合作办学机构和项目数量更是增长迅速。与国外高水平大学联合，以国际一流大学的标准进行建设与发展，一流外方合作大学占比持续提升，我国与世界排名前 500 高校的中外合作办学机构，与知名高校合作占比 45%以上。

最新数据显示，截至 2024 年 8 月，全国中外合作办学相关机构及项目数量在全国范围内共 1 485 个。其中，中外合作办学机构共 200 个，中外合作办学项目共 1 228 个，内地与中国港澳台地区合作办学机构共 5 个，内地与中国港澳台地区合作办学项目共 25 个（见表 1－1）。中外合作办学机构和项目多集中于河南、江苏、山东以及东南沿海经济发达地区，目前位居前十位的分别是河南、江苏、山东、上海、浙江、北京、湖北、吉林、辽宁、黑龙江。其中江苏、上海、浙江中外合作办学机构位居三甲。西部地区中外合作办学机构与项目相对较少，西藏目前还没有中外合作办学机构与项目，新疆和青海分别有 2 个和 1 个中外合作办学项目。

表 1－1 全国中外合作办学机构与项目统计（含中国港澳台）

地区	中外合作办学机构	中外合作办学项目	内地与港澳台地区合作办学机构	内地与港澳台地区合作办学项目	合计
北京	11	78	1	3	93
上海	20	85	0	2	107
天津	4	35	0	0	39
重庆	4	32	0	1	37
江苏	24	112	0	0	136
浙江	18	74	0	6	98
广东	14	33	4	3	54
海南	7	12	0	1	20
福建	7	25	0	2	34
山东	17	98	0	0	115
江西	0	29	0	0	29
四川	7	28	0	1	36

续表

地区	中外合作办学机构	中外合作办学项目	内地与港澳台地区合作办学机构	内地与港澳台地区合作办学项目	合计
安徽	1	26	0	0	27
河北	6	47	0	0	53
河南	14	132	0	1	147
湖北	8	72	0	0	80
陕西	10	28	0	4	42
山西	1	3	0	0	4
黑龙江	3	67	0	0	70
辽宁	15	60	0	0	75
吉林	5	73	0	0	78
广西	1	22	0	1	24
云南	0	22	0	0	22
贵州	2	16	0	0	18
甘肃	1	4	0	0	5
内蒙古	0	9	0	0	9
宁夏	0	3	0	0	3
新疆	0	2	0	0	2
青海	0	1	0	0	1
西藏	0	0	0	0	0
全国总计	200	1 228	5	25	1 458

数据来源：根据《中华人民共和国中外合作办学监管信息平台》整理，数据更新于 2024 年 8 月 26 日。

其中，具有法人资格的 9 所中外合作大学组成了中外合作大学联盟首届理事会，包括北京师范大学-香港浸会大学联合国际学院、西交利物浦大学、上海纽约大学、宁波诺丁汉大学、昆山杜克大学、香港中文大学（深圳）、温州肯恩大学、深圳北理莫斯科大学、广东以色列理工学院。该联盟每年定期组织中外合作大学校长论坛，旨在汇聚中外合作办学法人机构的资源和力量，探讨中外合作办学过程中所面临的共性问题及解决策略。分享办学实践成功经验与失败教训，推动中外合作办学的稳健发展，为我国高等教育的深化改革提供前瞻性建议和智力支持。

二、办学模式

（一）参与模式

高等教育中外合作办学的合作方主要包括中外政府、高校、国内合作方、国外合作方和其他社会力量。不同的合作方形成了不同的合作模式，主要有学校之间合作、政府之间合作、学校与其他社会力量之间合作。

学校之间合作是指中国的高等教育机构与其他国家或地区的机构进行合作办学，如西安交通大学和利物浦大学合作举办的西交利物浦大学。其中，中方提供办学所需设施、场所、基础课和管理教师；外方提供语言和专业课教师。这种合作模式方便灵活，也最为普遍。

政府之间合作是指中外政府共同出资成立办学机构或办学项目，如上海市人民政府与欧盟合作创办的中欧国际商学院。这种合作模式获得了更多的政府资金支持和政策扶持。

学校与其他社会力量之间合作是指中国高校与境外企业、境外社会组织和团体（包括海外华人组织和团体）展开合作，如来自中国香港的李嘉诚基金会与汕头大学合办的长江商学院。这种模式可以吸引大量来自海外的资金，可以为学生提供优质的硬件条件；但该模式有强烈的营利特质，为规范高等教育带来难度。

（二）组织模式

中外合作办学机构根据是否具有独立法人资格分为独立设置模式和非独立设置模式。

1. 独立设置模式

独立设置模式下的中外合作办学机构由中外双方共同出资，形成独立自由的法人财产，符合办学条件，独立承担办学责任，并获得了国家教育行政部门批准。《中华人民共和国中外合作办学条例》规定，境外高等教育机构不得单独在中国境内设置教育机构，所谓“独立设置”是指与中方大学相分离。截至2020年3月，具有独立法人资格的中外合作办学机构共有10所，包括上海纽约大学、西交利物浦大学等。

独立设置模式下的中外合作办学机构有以下特点：具备独立法人资格，独立承担民事责任及财务核算；具有独立的办学环境和组织；独立招生和授予学位证书。这些特点使机构具有较大的自主权，便于中外双方展开深度合作，便于扩大机构的知名度；但这类机构需要独立筹集大量经费支持其运行与发展，往往具有较大的经济压力。

2. 非独立设置模式

非独立设置模式下的中外合作办学机构不具有独立法人资格，主要是中外合作项目与二级学院。这类设置模式是当前中外合作办学的主体。

1）中外合作办学项目

中外合作办学项目是指中国高等教育机构与境外机构以不设置独立机构的方式，在学科、专业等领域合作开展教学活动。项目通常设置在中方校园内，由中方招生，受中方管理和约束，中外双方共同制定培养目标和教学规划。此外，《中外合作办学条例实施办法》第34条规定，采用“双校园”模式的合作办学模式纳入中外合作办学项目中实施管理。

“双校园”模式是指将教学过程分解为两个及以上阶段，即对同一受教育者分别在中方院校和外方院校实施教学活动。通常，学生需要分两个阶段完成学业，这两阶段的时间长短不固定，如“2＋2”“3＋1”（数字代表年数）模式。其中“2＋2”模式为前两年在中方院校学习，后两年赴外方院校学习，并获得国外的本科学历证书。

“双校园”模式有以下特点：教学分两个阶段进行；通常由中方提供基础课程教学，外方提供高级课程；中方院校强化英语教学。这类模式为渴望海外留学的学生提供了优质且经济的学习机会，对学生和家长都具有强烈的吸引力。但“双校园”模式主要是输出生源，在引进优质教育资源方面较为薄弱，学生的收益大于合作学校的收益。

2）中外合作二级学院

中外合作二级学院是指在中国高等教育机构领导下，由中国机构与国外高等教育机构共同实施合作教学活动。

中外合作二级学院具有相对独立性，表现为在招生教学、财政方面具有自主权，董事会等管理制度也更加完善；但二级学院对母体学校有较大的依赖性，从管理到教学活动都会受到母体学校约束，表现为招生计划隶属于母体学校、由母体学校指导行政管理与教学管理。由于二级学院具有以上双重属性，可视其为中外合作办学项目与独立设置机构的过渡形式。

中外合作二级学院有以下特点：兼具项目的灵活性和独立设置机构的自主性；降低成本与风险；便于管理；受到母体学校的管理干预。

（三）课程提供与学历学位证书授予模式

根据课程安排与学历学位证书授予的不同，高等教育中外合作办学主要有四类合作模式。

第一类：外方机构提供全部课程，并授予学生外方机构的学历学位证书。

第二类：中方和外方共同提供课程，授予学生外方机构的学历学位证书。

第三类：中方和外方共同提供课程，授予学生中方和外方机构的学历学位证书。

第四类：中方和外方共同提供课程，授予学生中方机构的学历学位证书。

在实际实施中，本科教育常采用第三、四类合作模式，研究生教育常采用第一、二类合作模式。例如，上海大学与澳大利亚悉尼科技大学(UTS)商学院以第三类模式合作，为学生提供国际经济与贸易本科专业，前两年由上海大学提供课程，后两年由澳大利亚悉尼科技大学提供，学生毕业获得上海大学和澳大利亚悉尼科技大学两份学士学位证书。

(四) 小结

高等教育合作办学模式丰富多样，不同的合作模式可以相互兼容、综合运用，满足了引进优质教育资源的需求。在实际办学中，中国的高等教育机构应该结合自身的特点和需求，科学地选择合作方和合作模式，从而高效引进优质教育资源。

三、办学质量

(一) 基本情况

随着世界教育一体化进程的深入发展，高等教育国际交流与合作日益繁荣，形成了以中外合作办学、师生与管理者交流、学位互认、国际科研合作、多种项目多边合作为主要内容的发展模式，积极开展跨境教育与合作办学，已经成为提升人才培养质量和促进高等教育国际化的重要手段。

截至2021年5月，全国经审批机关批准设立或举办的中外合作办学机构、项目总数为1 654个，其中本科及以上机构、项目946个。根据中华人民共和国教育部教育涉外监管信息网发布的信息，92.0%的原“211工程”高校开展中外合作办学；原“985工程”高校中仅有中国科学技术大学和国防科学技术大学尚未涉足，其他高校均开展了中外合作办学；首批137所“双一流”建设高校中开展中外合作办学的高校占比87.6%。

习近平总书记在关于教育的重要论述中多次强调,"要扩大教育开放,同世界一流资源开展高水平合作办学。"2017 年我国开始启动高等教育"双一流"建设,自此中外合作办学进入深化提升发展时期。2018 年《关于高等学校加快"双一流"建设的指导意见》提出,"大力推进高水平实质性合作交流,成为世界高等教育改革的参与者、推动者和引领者,推动中外优质教育模式互学互鉴,以我为主创新联合办学体制机制"。在"双一流"建设过程中,通过引进国外优质教育资源与我国高校进行实质性合作,实现引进、吸收、融合和创新,从而促进我国高校内部突破改革的难点和瓶颈,因此,中外合作办学在推动"双一流"建设中发挥重要的作用。很多一流大学建设高校,在合作目标上纷纷瞄向世界一流大学,并且要探索建立示范性强、特色鲜明的办学机构,甚至将"国际化发展"上升为学校发展的核心战略,通过中外合作办学助力国际协同创新。

目前中外合作办学的管理还存在很多不足,到底什么样的教育资源才能算是优质资源,对优质教育资源该如何引进吸收,以及如何完善外籍教师的聘用制度、管理制度和财务管理制度等问题一直存在。除此之外,还存在质量保障体系、考评体系、监管体系不健全等问题,严重影响了中外合作办学的效果。

如何建设好具有中国特色的世界一流大学、世界一流学科,并能在新时代发挥我国高等教育在国际上的影响力,是目前我国高等教育建设的重点方向。中外合作办学作为我国高等教育的重要组成部分,要结合"双一流"建设的战略目标将建设重点转移到质量建设上来,以质量建设为出发点、创新建设为发展动力、新时代的要求为路径,推动我国高等教育以"双一流"的身份走向世界,为全球高等教育发展贡献中国智慧和中国方案。

(二)取得的成效

1. 规模、质量、效益协调发展

首先,规模适度发展。中外合作办学满足了广大人民群众多样化的教育需求，已经与公办、民办高校一起，构成了推动我国高等教育发展的“三驾马车”。

其次，质量有效提升。近年来监管体系以及信息平台的建立，包括对于准入机制、年度质量评估制度、退出机制、动态调整体系的不断完善，提高了办学质量。通过审批和监管政策的不断完善，激励办学者立足实践，树立办学品牌，将主要精力聚焦到内涵发展上来。

再次，效益稳步提高。从经济效益来看，中外合作办学通过先进的教育理念、优越的教育资源和多元化的教育模式不断吸引了众多学生。从社会效益来看，中外合作办学的美誉度得到提升，中外合作办学在推动教育对外开放、中外人文交流等方面的贡献有目共睹。此外，中外合作办学在促进“双一流”建设高校专业学科建设、“倒逼”管理体制改革方面的作用日益显现，对拓宽教育对外开放的广度和深度、服务国家外交战略的作用也日益凸显。

2. 办学坚持政治方向

鉴于中外合作办学教师来源、办学理念的多样性，必须要更加坚定地学习贯彻习近平总书记在多个重要场合上的重要讲话精神，坚持党的领导，落实立德树人根本任务。

根据教育部关于立德树人、思政教育、高校基层党建的一系列政策要求，在中外合作办学评估等工作中强化了政治方向，进一步明确中外合作办学方向和定位；根据中组部、教育部印发《关于加强高校中外合作办学党的建设工作的通知》，教育部关于印发《新时代高校思想政治理论课教学工作基本要求》等文件精神，将有关要求纳入评估指标体系，探索党建基本要求和单位党委要求相结合的党建评价思路。

3. 办学过程重视质量

基于顶层设计的内部治理体系建设以及聚焦人才培养的内部质量保障体系建设，不仅是“双一流”建设高校发展的有机组成部分，也是高校治理体系和治理能力现代化的重要内容。

各高校依据教育部发布的《教育部关于进一步规范中外合作办学秩序的通知》《教育部关于当前中外合作办学若干问题的意见》等文件，纷纷制定《中外合作办学项目管理办法》《外聘教师工作考核办法》等规章制度，为中外合作办学的规范运行提供制度基础。违规招生、违规办学、管理机制虚设、协议随意变更、外方责任缺失等问题大幅度减少。

4. 结合“双一流”建设，以改革促开放

加快推动“双一流”建设是当今我国高等教育改革与发展的重大决策。中外合作办学不断地与一流建设有机结合，共同致力于建设高等教育强国的历史重任。

首先，很多“双一流”建设高校将中外合作办学作为改革与发展的突破口。其次，很多高校与世界知名大学合作办学取得新突破，围绕我国空白、紧缺和新兴专业，如大气科学、灾害护理、生态保护、文化遗产保护等，培养了“高精尖急缺”人才。再次，在师资队伍建设方面，中外合作办学通过引进国外高水平师资队伍，发挥其带动和辐射作用，中外教师通过国际合作论文以及科研合作，提升了国际化水平和科研能力。同时，也提升了我国高等教育的国际影响力。

此外，很多高校通过合作办学，借鉴了国外一流大学先进的办学理念、运行机制，有利于完善我国高校内部治理结构，推动高校内涵式发展。

四、收费情况

我国普通高校教育经费主要由生均教育事业费拨款和学费等构成，但中外合作办学的高校、大学运转经费基本依靠学费。中外合作办学属于学历教育，是一种准公共产品，其办学的成本理应由国家、社会和受教育者共同承担。受教育者承担多少，不仅关乎高校发展，更备受教育者及家庭关注。

目前，中外合作办学中外机构收费基本依据中外合作办学相关文件执行，但在不同省市、学校、专业、培养模式与类型的学费标准不同。一是具有独立法人资格的中外合作办学机构本科生学费大致在每生每学年 40 000 元～120 000 元区间，非独立法人设置的中外合作办学机构等，大致每生每学年在 100 000 元左右；二是不同培养方式和培养类型的收费不等，如上海纽约大学不同培养阶段（不同学年）的收费标准也不同；三是不同专业收费不同，大部分专业学费在 10 000 元～49 999 元及 50 000 元～99 999 元两个区间。

中外合作办学项目收费主要包括学费、住宿费、服务性收费及代收费。2018 年的数据显示，中外合作办学项目平均学费每生每学年为 42 172.26 元。一方面，不同学历层次收费不同，本科生近 83%的项目学费在每生每学年 10 000 元～30 000 元，且 75%本科生项目收费集中分布在 15 000 元～28 000 元区间内；硕士研究生每生每学年平均学费为 176 623.14 元，博士生平均学费为 215 326.14 元。另一方面，不同专业收费不等，以法律类学费最高，平均费用为每生每学年 41 993 元，艺术类、教育学类项目的合作办学项目收费较高，均在每生每学年 27 000 元左右，管理学、医学、经济学以及工学均在每生每学年 25 000 元～26 000 元，理学、文学和农学最低，平均每生每学年为 21 000 元。

第二章
中外合作办学存在的问题与原因剖析

第一节　中外合作办学存在的问题

当前的外部环境已发生了根本性转变，经济科技领域竞争加剧、对优质教育资源的争夺及跨境教育产业“国家主导”模式盛行等新趋势对我国教育对外开放产生了深远的影响。全球经济增长面临人口增速放缓、老龄化加速和环境保护日益严格等诸多约束，全球经济格局多极化变化趋势明显，经济发展进入调整期，国际竞争形势也日益复杂。

此外，未来大国的竞争最终落脚在人才竞争，为解决人才紧缺问题，各国积极引进海外人才，很多美国科技巨头纷纷设立海外研究中心，招揽各国高端人才。科技人才争夺折射出各国对高端优质教育资源的争夺。

随着教育对外开放加快，中外合作办学的战略布局如何适应新时代、配套制度体系如何适应新要求，办学效能如何进一步提高，高质量发展能力和系统性的影响力如何有效提升，都面临新的挑战。

一、合作核心理念需进一步深化

中外合作办学的初衷是引进国外优质教育资源。面对新的发展要求，跟谁合作？如何判定优质资源？这些都需要深入思考。

习近平总书记提出“要扩大教育开放，同世界一流资源开展高水平合作办学”，面临新的国际局势，需要对一流资源内涵进行重构，需要分析一流资源新内涵并对其分类，才能理性研判、审批和监管。

二、制度体系需进一步完善

目前，中外合作办学评估缺乏系统性、整体性、协同性的质量保障制度设计及落实机制。

2016 年，外交部国际司对评估到期满 5 年的机构和项目进行定期评估试点，这是一次有益有效的尝试与探索，但尚未形成制度性机制，大部分未被抽评的办学单位依法依规办学的意识可能会被削弱，持续改进的动力也将减退。因此，如何进行再评估的制度设计也面临挑战。

三、评估体系导向性需进一步加强

习近平总书记强调，“加强党对教育工作的全面领导，是办好教育的根本保证。”中外合作办学如何更好地服务于国家战略，如何在中外合作办学中落实立德树人根本任务、落实中组部、教育部下发的关于加强中外合作办学党建工作的文件精神，如何面对《实施办法》中部分条款不适应新时期中外合作办学的发展要求、新旧法规的过渡和衔接，为进一步完善评估体系和方法，建立具有引领未来的中外合作办学准入和监管体系，都面临诸多挑战。

四、收费机制需进一步规范

我国中外合作办学稳步发展，在推进教育体制机制改革方面发挥了一定作用，但是收费机制亟待完善。教育部相继发布的一系列规范性文件，对加强中外合作办学收费监管发挥了重要的作用。收费状况主要表现为：①中外合作办学机构与项目收费标准及其收费合情、合理、合法，中外合作办学机构和项目运转基本依靠学费，机构和项目提供的教学条件与教育资源能够比较充分利用经费；②中外合作办学按照生均教育成本制定学费标准，培养成本增大，生均教育成本差距较大，且办学层次、办学类型、外方合作机构以及办学区域等因素造成生均培养成本的差距；③中外合作办学一流高校收费相对较高，人有所求物有所值，一流高校中外合作办学的学生在外籍教师比例、课程体系、外文原版教材及教学方式等方面，均享受较好的国外优质高等教育资源；④个别中外合作办学机构学费虚高，与其办学条件、引进资源、办学质量及水平不太相符。

第二节　原因剖析

面对国际教育交流与合作生态环境的巨大变化，我国教育对外开放在结构优化、质量提升以及效能提升方面还有很多不足，“提质增效”的内在诉求十分迫切。“双一流”建设高校中外合作办学作为我国高等教育中外合作办学的主力军和领头羊，始终走在中外合作办学的前列，全面评估和总结其办学过程中暴露的问题及原因，将有助于我们更好地推动高质量开展中外合作办学，并引领我国高校中外合作办学蓬勃发展。

一、学科专业设置维度

部分高校对于开展中外合作办学缺乏科学论证，办学目标定位不准确。

一方面，一些高校往往把中外合作办学引进境外优质资源作为补“短板”的途径，而忽视了强强合作、提升强项的一流学科建设需求。

另一方面，部分高校的中外合作办学机构或项目中学科专业的设置不够科学合理，往往是在原有学科专业的基础上，在中外合作办学机构或项目中进行“复制”设置，缺乏学科优化创新，更谈不上围绕学科建设点进行交叉学科的合理布局，不利于学科群建设和学科汇聚。

二、师资队伍建设维度

目前，一些高校中外合作办学机构或项目虽然建立了一支外教师资队伍，但由于教职人员面临的文化差异和客观教学环境不足，多数机构或项目中的外教人员出现流动频繁、更换频繁的现象，使得师资队伍稳定性较差，直接影响教学方案执行和教学效果。

另外，一些高校逐步加大了在理、工、农、医等学科，以及国家战略、区域急需的前沿交叉学科领域开展中外合作办学的力度。然而，在这些学科领域的境外优秀师资不仅人力成本较高，而且这类师资人才也相对稀缺，使得外方不得不采取临时招聘的方式补充合作办学点的外教师资，也加剧了师资队伍的不稳定性。

三、国际化人才合作培养维度

中外合作办学对我国高校国际化人才培养具有广泛而深远的作用。中外合作办学普遍存在的根源弊病就是外方举办高校更倾向于投入较少的本科教育模式，同时也确保自身高端人才培养及知识产权等方面的优势地位，而我方则不断地给外方高校输送优质且稳定的研究生生源。

此外，人才培养质量保障体系建设与国际权威认证标准还有较大的差距。由于客观上多数中外办学机构办学周期较短，目前许多合作办学尚无法达到基本的时间积累条件，大多数合作办学处在初创期，办学状况尚处于优化调整阶段。

四、政策维度

在现有的中外合作办学政策框架中，虽然已经出台一些政策性的文件。但是，还缺乏一些具体明确的规定和标准，如对我方院校的保护政策等。在实际执行中也存在一些问题，如对引进教师的质量审核和监控的规定没有严格要求，管理相对薄弱。另外，学生权益在中外合作教学中往往处于劣势，在质量保障体系中的主导地位无法得到充分体现。中外合作办学政策有待进一步完善，相应的支持和指导也要更加及时明确。

五、监督和管理维度

一是协同监督和规范管理不够。政府多个相关监管部门没有形成合力，出现了“上面放下面望，中间有个顶门杠”，监管缺位、管理断层。对于中外合作办学机构和项目没有“视为己出”，属地教育行政部门不作为或少作为。对一些困难不是积极解决，而是相互推诿。

二是管理常态化、动态监管不够。定期评估多，过程管理少，“头痛医头脚痛医脚”存在漏洞和风险隐患，诸如外教违法乱纪等问题时有发生。

三是收费管理松散，收费机制亟待完善。学费偏高，个别中外合作办学机构学费虚高，与其办学质量及水平不相符，有的高校竟然收取天价学费，引发社会不满。当然，学校的自主性也不够。有家长、学生甚至校长在接受访谈时普遍共识就是要“物有所值”的中外合作办学。

四是政府规制失灵的问题依然存在，信息公开不到位。比如，上报数据，个别单位推脱，甚至不上报，上报信息不真实等，都给监管带来了不便。

五是监管不力，导致意识形态薄弱、思想教育缺失情况比较严重，文化碰撞加之管理重视不够，致使一些危险思想和思潮寻租与侵蚀。另外，对于中外合作办学中一些违法违规行为的处罚仅仅是终止办学而已，惩戒力度不够。

六、收费机制

一是中外合作办学学费标准及其管理缺乏明确的规定。由于中外合作办学机构教育收费实行属地化管理，各省高校中外合作办学学费标准有差异。此外，中外合作办学学费标准缺乏明确规定，没有对中外合作办学的学生培养成本进行准确核算，各省市对中外合作办学的学费也没有统一的标准与要求，只是通过省内中外合作办学机构间的横向比较，并结合地区经济发展等客观因素作出批准，收费管理制度尚不完善，导致中外合作办学收费标准差异较大。

二是教育行政部门对中外合作办学机构监管力度不够。中外合作办学中政府既是管理者、监督者又是支持者和引导者，政府规制失灵的问题依然存在。中外合作办学机构的属地教育行政部门不作为或少作为，存在监管缺位，出现管理断层的问题。行政职能部门缺乏衡量办学质量的有效手段，无法准确了解学费的使用效率，只能通过行政命令或指导意见的方式对收费情况进行监管。尤其在中外合作办学取得合理回报监管上缺少惩罚措施。

三是中外合作办学机构缺乏主动接受各方面监督意识。一方面，中外合作办学机构在收费与财务收支等重要信息报备上存在较大问题。例如，重要信息不上报、上报格式参差不齐、上报信息不真实等，均会造成行政职能部门缺乏可行的方法和渠道对中外合作办学上报数据的真实性进行审核和监督；政府与中外合作办学机构信息不对称，对规制者监督缺位，规制的俘获与寻租，政府干预失效；另一方面，当前，中外合作办学机构或项目很多没有按照《高等学校信息公开办法》的规定及要求向社会和民众公开成本测算依据及方法、收费项目及标准、支出占收取费用的比例，以及办学水平和教育质量等内容。

四是中外合作办学未能充分发挥利益相关者参与治理作用。首先，中外合作办学收费调整听证机制没有形成，社会民众缺乏表达意见的渠道；其次，中外合作办学机制在信息公开方面不到位，一定程度上影响了社会民众监督中外合作办学情况的通道；再次，对中外合作办学质量的评估体系尚未建立，导致以评估机构为代表的第三方难以对其办学质量进行监督；最后，中外合作办学机构社会捐赠激励制度不健全、捐赠管理机制缺失、吸引社会捐赠不够；许多中外合作办学机构尚未建立教育基金会或教育基金会作用发挥不够。

五是中外合作办学机构缺乏强有力的财务分析管理经验。一方面，中外合作办学机构财务管理制度尚不完善、不透明，不能有效实行会计核算制度；另一方面，在培养成本测算、收支情况分析中缺乏成熟的经验；此外，中外合作办学机构筹措资金和拓展收入的能力还有待加强。

第三章

中外合作办学的案例研究

第一节　案例研究设计

通过第二章文献梳理发现，中外合作办学的规范性发展对于人才培养提出了新的要求，为深入了解高校中外合作办学人才培养的现状，总结国内高校中外合作办学人才培养的经验和不足，本章选取中外合作办学独立法人机构西交利物浦大学、中外合作办学二级学院浙江大学国际联合学院、中外合作办学项目中国矿业大学和皇家墨尔本理工大学合作举办建筑环境与能源应用工程本科项目三个案例，从培养过程机制、管理机制、保障机制和约束机制四个方面进行分析，这些高校中外合作办学相对较为成熟，其经验具有一定的借鉴意义。本书将采取多案例研究法，基于第二章所构建的人才培养机制分析框架，探讨典型高校中外合作办学人才培养的特征，以期归纳总结出中外合作办学人才培养机制的共同特征，为第四章和第五章围绕高校中外合作办学人才培养机制的研究提供参考。

一、案例选定

基于全面性和典型性的原则，本书选取了西交利物浦大学、浙江大学国际联合学院、中国矿业大学和皇家墨尔本理工大学合作举办建筑环境与能源应用工程本科项目进行案例研究。面向中外合作办学人才培养的需求短板，西交利物浦大学形成了“五星育人模式”和扁平化的网络组织结构，重视学生的综合素质培养和全面发展；浙江大学国际联合学院建立学科交叉平台，培养跨领域、多学科知识背景创新人才；中国矿业大学和皇家墨尔本理工大学合作举办建筑环境与能源应用工程本科项目重视培养学生的英语实践技能并对课程内容进行重组和升级，致力于培养国际化应用型人才。三个案例涵盖了中外合作办学独立法人机构、中外合作办学二级学院和中外合作办学项目，能够较好代表当前国内高校在中外合作办学人才培养领域的重点和现状。

二、资料收集

笔者通过多种渠道获取一手和二手信息。

（1）依托教育部“中外合作办学体制机制研究”“中外合作办学收费机制研究”“中外合作办学监督与管理研究”等相关研究项目，通过实地调研、采访相关高校负责人，获取一手资料。

（2）依托中国知网等数据库获取案例资料，以中外合作办学、中外合作办学人才培养、中外合作办学体制机制等为关键词检索相关文献，并选择与所选案例相关的资料。

（3）挖掘选定高校官网上公开的资料，并通过谷歌（google）搜索相关新闻报道和报纸报刊资料。

（4）根据已有资料，实地采访相关高校负责人以补充案例素材。

第二节　中外合作办学独立法人机构：西交利物浦大学

一、学院的创办与基本概况

西交利物浦大学（Xi'an Jiaotong-Liverpool University）是教育部

2006年5月22日批准创办的一所中外合作大学。中方合作者为西安交通大学，是教育部直属全国重点大学。此外，西安交通大学，还是首批进入国家"211工程"建设的7所大学之一，首批进入国家"985工程"建设的9所大学之一。外方合作者是创立于1881年的英国利物浦大学，是英国"红砖大学"之一，也是著名的罗素大学集团和N8集团成员之一。西交利物浦大学是中国目前规模最大的以理工管起步，强强联合的中外合作大学，拥有中华人民共和国学位授予权，毕业生同时获得该校与利物浦大学双文凭。其面向全国且在高考本科第一批次招生，办学目标是培养精通英语，兼备知识、能力与素养的具有国际视野和全球竞争力的世界公民。

二、教育教学模式

(一) 专业设置

西交利物浦大学结合合作办学的实践，探索并发展了西交利物浦大学特色的四大导师体系。①学术导师制度是西交利物浦大学对英国大学导师制度的继承，新生从入学开始，学校就为他们配备了学友导师、班级导师，引入国际一流大学通行的个人学术导师制度；②在学生升入高年级面临实习和就业时，校外导师则起到关键作用，学生们能够通过校外导师平台更好地规划自己的职业生涯发展，更加深入地了解社会；③学友导师体系是连接新生、国际生、高年级学生和老师的一座桥梁，"学友"让这四个部分紧密联系；④生活导师则是对中国传统高校辅导员体系的另类保留。

西交利物浦大学的学友计划成立于2009年8月。学友计划帮助新生尽快地适应大学的新环境与生活，建立沟通交流平台，鼓励高年级学友与低年级新生分享经验并以此推动跨年级交流。学友计划包含在校生学友、海外生学友、"2＋2"学友和毕业生学友。学友计划的亮点在于高年级学友与低年级新生可以成为朋友，相互分享学习经验和生活故事，这很实用，容易被学生所接受。

截至 2024 年 8 月，该学校共计开设 48 个本科专业（含方向）、55 个硕士专业和 17 个博士研究领域（见表 3－1），涵盖了理学、工学、管理学、经济学、文学、教育学在内的众多学科大类，同时还设有药学类、政治学类、设计学类、影视学类等学科专业或研究方向。

表 3－1　西交利物浦大学专业分类

学院	本科/硕士/博士	专　业
影视与创意科技学院	本科	文化与创意产业
	硕士	—
	博士	—
影视艺术学院	本科	广播电视学、数字媒体艺术、影视摄影与制作
	硕士	—
	博士	—
未来教育学院	本科	—
	硕士	儿童发展与家庭教育学、国际化教育、数字化教育
	博士	教育、教育学
西浦慧湖药学院	本科	生物制药、药学、应用统计学
	硕士	药物化学（研究型）、药学研究型、应用统计学
	博士	化学、生物科学
智能工程学院	本科	电气工程及其自动化、电子科学与技术、计算机科学与技术、机械电子工程、数字媒体技术、通信工程、信息与计算科学
	硕士	低碳电力与能源技术（研究型）、多媒体通信、金融计算学、计算机科学（研究型）、可持续能源技术、模式识别和智能系统（研究型）、人机交互、社会网络计算技术、应用信息学
	博士	电气与电子工程、计算机科学与软件工程

续表

学院	本科/硕士/博士	专　业
设计学院	本科	城乡规划、工业设计、建筑工程、建筑学、土木工程
	硕士	城市规划与设计、工业设计、国际建筑专业实践、建筑工程管理、建筑设计、可持续建筑、土木工程
	博士	城市规划与设计、工业设计、建筑学、土木工程
人文社科学院	本科	传播学、英语、翻译、国际事务与国际关系、汉语国际教育
	硕士	国际关系、国际商务与全球事务、媒介与传播、应用语言学和多语研究、对外英语教育、中国研究
	博士	国际关系、英语文化传播、中国研究
西浦国际商学院	本科	工商管理、国际商务、会计学、经济学、经济与金融、人力资源管理、市场营销、信息管理与信息系统
	硕士	管理学、国际工商管理、经济与金融、金融学、商业分析、投资管理、项目管理、运营与供应链管理、专业会计
	博士	商学
数学物理学院	本科	精算学、金融数学、应用数学
	硕士	精算学、金融数学、数据科学、应用数学
	博士	数学科学
理学院	本科	环境科学、生物科学、生物信息学、应用化学
	硕士	材料科学与工程(研究型)、分子生物学(研究型)、高级化学(研究型)、环境科学(研究型)、生物信息学(研究型)
	博士	公共健康、环境科学、化学、生物科学
人工智能与先进计算学院	本科	数据科学与大数据技术
	硕士	人工智能
	博士	计算机科学与软件工程
芯片学院	本科	微电子科学与工程
	硕士	先进微电子技术与材料(研究型)
	博士	电气与电子工程、计算机科学与软件工程、数学科学

续表

学院	本科/硕士/博士	专　业
文化科技学院	本科	艺术与科技
	硕士	—
	博士	英语文化传播
创业与企业港	本科	—
	硕士	创业与创新
	博士	—
产金融合学院	本科	供应链管理
	硕士	数字化商业
	博士	商学
智造生态学院	本科	智能制造工程
	硕士	智能工程科学与工业运营
	博士	电气与电子工程、工业设计、计算机科学与软件工程
物联网学院	本科	物联网工程
	硕士	—
	博士	电气与电子工程、计算机科学与软件工程
智能机器人学院	本科	机器人工程
	硕士	先进机器人技术系统
	博士	电气与电子工程、计算机科学与软件工程、数学科学

资料来源:西交利物浦大学官网

(二)培养模式和师资构成

西交利物浦大学拥有中华人民共和国学位授予权,毕业生同时获得西交利物浦大学与利物浦大学双文凭,其办学宗旨是以学生健康成长为根本,以学习为中心、以兴趣为导向。

1. 以学生为本

学校实施以学生自治和学校引导服务为核心的学生工作体系。专业课程全英文授课，以国际高质量教学水平确保学生获得与全球同步更新的知识体系和独特的学习体验。

西交利物浦大学结合合作办学实践，探索并发展了特色的四大导师体系，分别为学术导师、成长顾问、校外导师和学友导师。其中成长顾问以顾问的视角引导西浦学子体验“三个转变”的过程，以协调者的角色整合多方资源，以专家的身份为学生提供专业的支持。

学友计划设立于2009年8月，旨在以朋辈互助的形式，通过优秀的朋辈学长的交流和指导，引导低年级国内、海外学生适应西浦文化，帮助其解决生活、学习上的困难，规划大学生活，实现自我发展。学友计划以活动为载体建立沟通交流平台，通过对高年级学友的多次培训赋能鼓励高年级学友与低年级新生分享经验并以此推动跨年级、跨文化的交流。学友计划包含行政班学友、生源地学友、海外生学友和毕业生学友。在学友计划中，学生之间没有年纪与地域的隔阂，彼此畅所欲言，从而促进新生更好地成长，培养高年级学生的责任心，尽快实现学生作为“西浦人”的三个转变。

2. 国际化优质师资队伍

按照世界知名大学标准面向全球选聘师资，学校现有教师1 200余人，其中35%为外籍教师，涵盖50多个国家。师资分为基础课教师和专业课教师。基础课教师团队负责大学一年级学生的英语、数学、物理、中国文化、体育等公共基础课的教学工作，其中数理中心20余名主讲教师是来自西安交通大学、清华大学、同济大学等国内著名高校的资深教授，多人获得国务院政府特殊津贴。英语语言中心的教师具有丰富的教学经验和出色的语言教学技能，其中50%是来自以英语为母语国家的外籍教师。专业课教师大多具有国际知名大学博士学位和丰富的教学与科研经验，该团队汇聚了一批横跨学界、业界的国际一流专家学者，他们分别有在牛津大学、哈佛大学、华盛顿大学等国际著名研究机构从事教学或专职科研的经历。

3. 区位环境优势

该学校地处中国经济社会最为发达的“长三角一小时经济圈”及世界500强企业集聚的苏州工业园区，为学生创造了面向全球的实习与就业机会。适应未来世界发展趋势的全新大学理念和大学形态的探索者与实践者，符合苏州市政府想要留住人才的政策，将人才引进苏州，让学生留在苏州读书、留在苏州就业、留在苏州创业、留在苏州发展。

我国传统高等教育人才培养的重点是知识传授和技能习得，仅这样是不利于学生综合素质培养和全面发展的。而真正优秀的人才，离不开知识、能力和素养这三个方面：知识是能力和素养的基础；能力是潜藏在人身上的一种能动力，由知识内化而成；素养是一个人内在的体现，是知识和能力升华的结果。通过对我国传统高等教育理念和模式的反思，西交利物浦大学根据其愿景与使命，创造性地提出“五星育人模式”，把理念沉淀于日常实践过程中(见图3-1、表3-2)。在“以学生健康成长为目标、以兴趣为导向、以学习为中心”的育人理念指导下，西交利物浦大学明确了培养“世界公民”的育人目标，并落实到知识、能力和素养三大体系的具体内涵和内容体系。可以看出，其对育人目标核心地位的关注，以及特定目标下的教育策略和支撑系统的确立，是真正落实立德树人核心地位的关键要素。

图3-1　西交利物浦大学“五星育人模式”

表 3-2　西交利物浦大学"五星育人模式"内涵

五要素	内　涵
知识	自我生存与管理的学问;在国际公司实习经历及国外留学经历;文化与技能的学习;科研训练与科学工具的使用
能力	提升国际竞争力;调动和运用知识的能力;积极的态度和高效的行动力;探索与创造意识和终身学习的本领;合作意识
素养	对生活和工作保持乐观的心态;创新意识与奉献精神;提高生存本领;大局观;国际化视野
综合教育	重新定义教与学;从丰富的活动中感悟成长;关注学生职业生涯规划和创业教育;融合课堂学习与课外实践活动
支持系统	以多元化和创新为核心的校园文化;强大的学生学习支持系统;网络化运行支持系统;校园基础设施支持系统

资料来源:西交利物浦大学官网

在1.0模式中,西交利物浦大学对传统的本科教育体系进行了一系列升级。一方面,以研究为导向,包括研究型教学、学习、工作等,将线上线下教育进行整合,创建超现实教学环境,引导学生以问题为导向进行研究型学习,培养学生的批判思维、创造精神和终身学习能力。另一方面,注重对学生的行业技能训练和专业整合,实现培养专业精英的目标,扭转目前学生受专业限制选择面窄的现状。在2.0模式中,西交利物浦大学提出融合式教育的培养模式。这种模式进行的教育探索主要涵盖四个层面:国际化专业精英培养模式创新、国际化融合式精英培养模式创建、未来新型大学概念和校园示范、大学与社会共享共生创新社区营造。同时,将强调以人工智能为引领,支持未来行业的创业家教育,升级为全新的融合型教育模式。随着互联网技术进一步发展,数字化和人工智能的进程使得社会边界被打破,大学传统的象牙塔格局被赋予新的生命。在3.0模式中,西交利物浦大学积极走进社会,扮演两种角色:一种是"发酵剂",另一种是"黏合剂"。从而打造支持兴趣驱动、终身学习、创新创业、企业研发和行业升级的教育与创新生态系统。重点关注与数字化技术赋能深度融合的终身学习，将教育变成一种生活方式，这种转变将对社会产生深远的影响。大学将融入社会，撬动各方资源，营造教育和创新生态。

（三）科研协同创新

目前，西交利物浦大学还处于初期发力阶段，其科研实力极具潜力，依托两所母体学校的优势，致力于建设一所世界知名的研究导向型国际大学。西交利物浦大学五年科研计划的核心是：制定科研发展方案，建设科研基础设施，加强研究活动，培养企业家精神，促进知识产权开发，促进知识转让。主要研究领域集中在电子信息、人工智能、认知计算、生物医药、新能源先进材料、装备制造、纳米技术与能源环保。学校已经成立了两个省级、七个市级、五个区级、十一个校级和六个院级，共计三十一个研究机构和平台。

西交利物浦大学以研究导向重塑教育，包括研究导向型教师：西交利物浦大学所有教师要同时负责教学、科学研究和学术管理工作；研究导向型学习：引导学生主动发现问题，帮助他们对知识学习，由记忆型理解转变成研究型学习。这种学习方式有利于增强学生好奇心、培养他们的创造性思维、练就终身学习的本领。

（四）社会服务功能

西交利物浦大学除人才培养和科学研究之外，还积极强化社会服务功能，设立了连接高校、产业和社会的国际创新中心、技术转移平台，促进与企业和社会共生、共创、共赢。2017 年，西交利物浦大学与苏州市政府和工业园区共建西浦智库；2018 年，又与国家开发银行、苏州市政府创建新时代发展研究院。当前，高校应发挥其教学、科学研究、协同创新及全球知识网络的优势，成为社会体系中充当加速器的活跃子系统，推动经济社会发展和文明进步。因此，西交利物浦大学通过设立学术社区创建三层级相互作用的生态系统。一是“自然生态”，即校园实际配置应当符合绿色环保观念，能够促进教师与学生之间交流互动、写作和学术社区相关活动的进行；二是“知识生态”，经过体制、机制和文化知识的塑造，搭建有利于知识传播、共享和创新、应用的平台；三是“社会生态”，与社会组织开展积极交流互动、合作等，通过开放式校园实现优质资源共享。通过大学与社会的有效互动，形成互利共赢的大学生态，这对大学功能实现以及社会文明进步都起到了关键的作用。

（五）招生与收费

西交利物浦大学面向全国统一招收本科学生，其中在本科分批次的省、自治区、直辖市均列入本科第一批次；在本科不分批次的省、自治区、直辖市列入本科批次；另外，在江苏省和广东省设有综合评价招生。学生须参加全国统一招生，本科学费为 9.3 万元/年。西交利物浦大学采用全英文教学。在学制方面，考生入校后本科阶段可自主选择 2＋2 制（西交利物浦大学两年，利物浦大学两年，拿两个学校的文凭）或 4＋X 制（西交利物浦大学四年，仍然可以获得两个学校的文凭，费用比 2＋2 制节省约一半）。

西交利物浦大学研究生招生采用申请制，考生无需参加全国研究生统一入学考试，可凭本科成绩、语言能力证明及其他相关材料直接申请。

三、学院管理体制

（一）管理机制

（1）学校层面构建了学术质量保障的组织体系和制度规章。组织体系上，由西交利物浦大学学术委员会（Academic Board）统筹所有学术事务，保障学术质量和标准，审核所有下设分委员会有关重大方案与提议的决议。学术委员会下设各类委员会分工合作，负责各个领域的相关工作；校级教学委员会（University Learning and Teaching Committee）负责实施学校的教育战略、政策与标准以及学习与教学的质量，并负责运作和监督有关教学项目的学术质量保证框架，确保并促进教学高质量；校级科研委员会（University Research Committee）负责实施学校的科研战略，创建并落实相关科研政策和程序，促进科研创新与高质量发展；考试委员会长期聘任外部考核官参与课程设置、考试方式和内容等决定教学质量的关键环节。在规章制度上，学校实施一系列管理制度，明确了各个环节的质量标准，颁布实施包括《本科学位专业框架》《研究生专业框架》《西交利物浦大学本科学士学位授予工作实施细则》《教学标准与质量方针》《学生考核实施细则》等文件。

（2）院系教学委员会与校级教学委员会具备类似职权和职能，在院系层面监管一切有关教学的方案与提议，任何议题经该院系教学委员会讨论、审议并一致通过后提交至大学教学委员会审批。院系设有师生联络委员会，学生代表负责收集学生对学校教育的普遍意见，并反馈到委员会，与教师代表共同商讨解决方案。院系定期开展以六年为一个周期的自我评估工作，旨在全面审查院系内所有学位项目的教学和学生培养情况，监测是否达到预期培养目标。院系负责专业层面的质量保障，需要在每学年初提交一份年度专业自评报告，评估院系所开设学位专业的实效性，从学科发展和行业应用角度审核专业的通用性与关联性，并评价专业的教育质量和学生学习体验。课程实施质量也要接受定期评估，评估方式主要以同行评审、学生评教和内外部考官审核形式开展。同行评审主要由本专业的其他教师通过听课的方式对教师的教学进行评价，学生评教是通过问卷和访谈形式对教师的课程教学进行评价，内外部考官审核主要由校内老师和第三方校外专家对试卷进行审核。

（二）保障机制

截至目前，西交利物浦大学专任教师中高级职务教师（副教授及以上）的占比为42%，师资队伍主要由专业课教师和基础课教师构成。其中，语言中心教师包括具有应用语言学专业硕士学位的外籍教师和具有英语语言教学硕士及以上学位的本土教师，还须获得国际承认的TESOL或ESOL教学资格证书。基础课由思想政治理论知识、数理基础、中国文化知识、体育教学等部分组成。

此外，西交利物浦大学结合合作办学的实践，探索并发展了独具特色的四大导师体系。

（三）约束机制

西交利物浦大学受到利物浦大学和英国高等教育质量保障委员会认证和我国教育部中外合作办学评估，保证了中英双学位的授予质量。西交利物浦大学融合了美国教育模式多样性、英国教育模式质量保障及我国教育体系重基础的特点，构建出特色化创新型教育质量保障体系。首先，在国家层面，接受我国高等教育评估和英国高等教育质量保障委员会从计划、审批、监管到考核等全流程监督。其次，在高校层面，受到利物浦大学每六年进行一次的学位授予权考核和每年都要进行的回访和日常评估，主要是对学校发展规划、教学、科研、校园设施设备、学生体验、双方院校合作等内容进行评定。再次，在院系和专业层面，每个专业都会安排外部专家参与周期性审查，使院系综合掌握各专业的教学和学生培养现状，并对照培养目标进一步改进培养方案。院系在每学年初都需要提交年度专业自评报告，便于评估各专业的育人效果。最后，在课程层面，新课程和现有课程大纲的调整申请需要经过院系教学委员会和校专业与课程评审专家组的审批。

四、案例总结

西交利物浦大学从2017年开始探索面向行业精英的“融合式教育模式”（见表3-3），以加强通识教育培养为基础，融合专业教育、行业教育、管理教育和创业教育；融合课堂学习、实践活动、行业先导和经济社会改革；融合以学生为中心、研究导向型教育与实习和在岗培训；融合学习和实践、就业与继续深造、教学活动、科学研究和企业创新。其办学目标是培养未来行业精英和领导者，探究高层次国际化应用型人才培养模式、新行业发展态势并为现存困难和挑战寻找解决策略。

表3-3　西交利物浦大学培养模式的演变

版本	1.0模式	2.0模式	3.0模式
办学目标	为世界培养出更多能够助力新兴行业发展的国际化行业精英		
教学与培养模式	以研究为导向，培养专业精英	以创新创业为导向，培养行业精英	终身学习
	个人素养＋行业知识＋专业技能＋通识教育	个人素养＋行业知识＋专业技能＋跨文化领导力＋创业智慧	个人素养＋行业知识＋专业技能＋跨文化领导力＋创业智慧＋技术赋能＋环境融合
管理机制	扁平化组织	平台型组织	融合型组织
内外部联系	推进学校与社会进一步合作，2013年成立领导与教育前沿研究院；通过以研究为中心的培训提升领导实践能力；推动在教育改革领域的探索与实践	成立创业家学院（太仓），实现“学、研、训、创、产”的深度融合；建立创新与创业教育服务社区，在校园、企业、社会之间形成良性交流互动，助力现代化绿色发展	2021年启动西浦学习超市，融合全球的优质教育资源，打造线上线下融合的创新型教育生态，为未来教育模式探索提供新思路。2023年，以学习超市为子生态系统之一扩充搭建西浦“X-生态超市（X-Eco Mall）”，主动应对社会、经济、科技、生产、生活各方面的数智化浪潮，构建数字智能底座或支撑平台，使生态超市下的各子生态系统之间协同发展，支持产业的数智化转型和生态化升级

西交利物浦大学的融合式教育模式包括三种运行方式：行业企业个性化教育、创办全新概念的创业家学院、深化校企合作以及与政府合作。

形成促进融合式教育发展、能够探究和试验未来可能面临社会问题解决策略的社会试验基地。

作为具有独立法人资格和鲜明特色的新型国际大学，西交利物浦大学致力于实现“研究导向、独具特色、世界认可的中国大学和中国土地上的国际大学”的发展愿景。经过数年发展，其独特的办学理念、高水准的人才培养质量和浓厚的国际化特色得到社会各界的广泛关注和认可，被誉为“中国高等教育改革的探路者”。

在西交利物浦大学网络型组织结构中，个体之间没有层级之分，只有清晰的职责界定，师生及他们所从事的学术活动是学校实现使命的核心途径，行政、职能人员编织成友好的网络式服务平台，切实支持和服务于学术活动。西交利物浦大学的质量保障体系体现了多元的内涵：一方面是多层次的体系结构，既有来自外部的监督，又有内部的保障措施，分布在学校、院系、专业等各个层面；另一方面是多元的参与主体，包括教师、学生、管理者、外部考官、社会人士共同参与学校评估。

西交利物浦大学作为国内已发展十余载的老牌中外合作办学机构，不仅为我国高等教育国际化迈出了重要的步伐，而且为同类大学乃至中国高等教育提供更前沿的中国经验和江苏经验，从而使西交利物浦大学的创办和健康发展在我国高等教育发展史上真正具有里程碑意义，为中国高等教育事业的改革和发展作出独特的贡献。

第三节　非独立法人中外合作办学机构：浙江大学伊利诺伊大学厄巴纳香槟校区联合学院

一、基本情况

浙江大学国际联合学院（海宁国际校区，以下简称“国际校区”）是浙江大学主动对接国家高水平教育对外开放战略，服务区域创新驱动发展战略，加快学校迈向世界一流大学前列的战略基地。国际校区由浙江大学和海宁市合作建设，于 2013 年 2 月启动筹建，并于 2016 年 9 月首批招生。自 2016 年国际校区一期工程启用并在海宁办学以来，国际校区秉持“以我为主、高水平、一对多”国际合作办学模式，在教育国际合作交流、国际化人才培养、国际科研合作等方面取得了卓著成效：一是与英国爱丁堡大学、美国伊利诺伊大学厄巴纳香槟校区合作，建成两个非独立法人中外合作办学机构；二是集聚浙江大学优势学科与哈佛大学、剑桥大学、牛津大学、麻省理工学院等全球 60 余所世界名校建立实质性科研合作关系，建设包括国家、省部级国际联合实验室（科技合作基地）在内的 10 余个国际合作科研平台，在生命健康、先进材料、绿色低碳等科技前沿领域开展国际合作研究；三是引进包括发达国家院士在内的顶尖科学家和来自全球的中外青年科学家，组建了高度国际化（外籍科学家数量占比 40％以上）的高层次人才队伍；四是精心打造最优来华留学目的地，自建校以来共培养了来自 90 余个国家近 700 名优秀留学生；五是国际校区的创新活力为海宁市经济社会发展注入强劲动力，环国际校区的海宁国际鹃湖科技城已初具规模，并重点布局了生物医药、泛半导体、可再生能源等新兴产业集群。

2022 年 9 月，国家发展改革委、教育部、科学技术部联合印发实施《浙江大学国际联合学院（海宁）、昆山杜克大学国际合作教育样板区建设方案》，支持国际校区以高水平教育对外开放集聚世界一流科教人才资源，探索“在地国际化”人才培养新模式，以教育开放为引擎，促进科教产高水平联动发展，打造科教产城融合发展的国际合作教育国家级样板。

浙江大学伊利诺伊大学厄巴纳香槟校区联合学院（Zhejiang University-University of Illinois Urbana-Champaign Institute, ZJUI）是国际校区的两个中外合作非法人办学机构的其中之一。ZJUI 由浙江大学与美国伊利诺伊大学厄巴纳香槟校区(University of Illinois Urbana-Champaign, UIUC)合作设立，于2016年2月经教育部批准成立，目前已经有五届毕业生。

ZJUI依托浙江大学与美国伊利诺伊大学厄巴纳香槟校区的优质办学资源、工科专业的优势、两校长期合作的良好基础，以“培养工程之俊杰，成就明日之领袖”为人才培养目标，汇聚了国际一流的师资队伍，打破传统的工程学科界限，创设了若干多学科交叉的教育与研究平台，着力建设多元创新、融汇中西的世界一流工程教育与研究体系，培育具有家国情怀、国际视野、全球竞争力和世界担当的一流人才。

ZJUI作为中美两所一流高校合作的成果和国内中外合作办学的标杆，集两校一流工学专业培养体系之长，汇聚双方资源优势，设有电气工程及其自动化、电子与计算机工程、机械工程、土木工程4个双学位本科专业，电子信息、能源动力、机械、土木水利、电气工程、交通运输6个浙大学位专业硕士项目，电子科学与技术、动力工程及工程热物理等20个博士一级学科方向。4个双学位本科专业均入选教育部国家级一流本科专业建设点。截至2023年底，ZJUI共有学生1 255人，其中国际生58人；学校有专聘教师41人，浙江大学兼聘教师41人，UIUC兼聘教师78人，外籍师资比例达63%。

ZJUI坚持以人为本的教育理念，多维度深化教学改革，体系化、全链条保障国际化工程交叉创新人才培养质量，注重以创新为导向的实践与科创训练。ZJUI历届学生中涌现出国际顶级会议的论文入选者，本科生在读期间高水平期刊、会议论文发表率达到28%。五届毕业生培养质量广泛受到认可，毕业生去向总体呈现选择多元化的深造，被世界一流高校录取比例高的特点。

ZJUI打破传统工程学科界限，不按学科属性设立系(所)等机构。建立学科交叉平台，鼓励多学科知识融合、开展交叉合作研究。以能源、环境与可持续系统研究部、器件及应用材料工程科学研究部、数据与信息科学研究部为驱动，加速构建交叉创新的科研生态。ZJUI 成立以来，一贯坚持面向世界科技前沿、面向经济主战场、面向国家重大需求、面向人民生命健康，不断地拓展科学研究的广度和深度，持续彰显交叉化、国际化的科研特色，以学科交叉融合激发新动力，以面向未来和人类福祉展现新作为。

二、人才培养

（一）专业设置与培养特色

ZJUI 开设电气工程及其自动化、电子与计算机工程、机械工程、土木工程 4 个中外合作本科双学位专业。ZJUI 的办学目标是培养既具有扎实的专业知识，也涉猎其他领域的 T 型学生。学院借鉴合作伙伴的培养体系，引进核心教材、教学资源、质量标准和保障体系，注重通识教育，融合优化培养国际化交叉创新工程人才。以启发式互动教学激发兴趣，注重课堂教学，课程以理论课、讨论课和实验课相结合的形式，强调小班教学，丰富教学体验，提升教学质量。以过程性评价和把控教学质量，在制度上扎实提高学生学习的持续性，为后续培养夯实基础；通过开设英文写作、学术写作等课程，重视对学生阅读和写作能力的培养。以学科交叉营造深度浸润的培养环境，开设大量跨学科交叉课程和交叉毕业设计，提供丰富的交叉学科科研训练项目和实习实践机会等。以广泛的工程体验拓宽视野，定期邀请全球学术界、工业界精英来校开设讲座，定期组织学生进入工程现场参观实践，拓宽学生知识视野，启发智慧灵感。以实践化科创训练滋养创新，重视对学生创新创业意识和实践能力的培养，除了课程项目的设计与实践外，鼓励学生从大一开始就进入科研实验室开展科研训练，培养其创新意识和发明、创造能力。

（二）培养模式和师资构成

1. 融合中西优势，两校强强联合

ZJUI 借鉴 UIUC 工学院相关专业的培养方案，引入其教学资源，与浙江大学工科专业强强联合。目前学院开设的电气工程及其自动化、电子与计算机工程、机械工程、土木工程四个本科专业均为两校优势专业，在全国第五轮学科评估中，浙江大学以上学科均为 A＋或 A 级，UIUC 以上专业均通过国际工程技术评审委员会（ABET）认证，且位于全美领先位置。符合毕业要求的本科生可获得浙江大学学士学位和毕业证书、UIUC 学士学位。

2. 打破学科界限，注重交叉融合

ZJUI 打破传统工程学科界限，建立学科交叉平台，不同专业交叉协作，面向未来发展的工程热点领域，造就跨领域、多学科知识背景的创新人才。ZJUI 重点关注的交叉融合创新领域包括智慧城市、能源与可持续发展、高性能材料、先进制造、基于工程的医疗技术等。

3. 创新课程体系，全英小班教学

学校采用国际化课程体系，所有专业课程全英文授课。学生培养重点突出四方面特色：一是入学伊始即接受工程教育，注重工程思维培养，引导学生建立系统的工程认知和专业认知；二是中外教育优势深度融合，设置系列跨专业联合课程，培养学生形成独特的跨学科跨文化的知识视野；三是实践“通-专-交”有机结合，创新性设立交叉学科毕业设计项目，重视学生持续性跨学科设计训练与实践，培养学生创新创业能力和跨界整合能力；四是实行全过程管理的课程评价与考核体系，着力于学生创新创造能力培养，激发学生社会责任与全球担当。

4. 选聘一流师资，潜心育人育才

ZJUI 教师由全球招聘一流师资和部分来自浙江大学、UIUC 的优秀师资构成，师资结构呈现高水平、多元化特征，他们百分百拥有国际工作或学习背景，毕业或曾任职于世界一流大学或学术机构。此外，ZJUI的国际咨询委员会作为学院高水平办学、治学的“智囊团”，聘请了来自哈佛大学、麻省理工学院等国内外顶尖学府和学术机构的资深人士，为ZJUI高水平办学和国际化发展提供建议。

（三）人才培养成效

ZJUI从德育、专业教育、素质教育入手，创新性地提出并实践了建设“人才培养共同体”，从“德育共同体”“专业教育共同体”和“综合素质教育共同体”三个维度落实“三全育人”。ZJUI的人才培养质量不仅得到了UIUC和国内中外合作办学评估专家的认可，还得到了国际工程技术评审委员会评估专家的高度认可，他们认为ZJUI在其参与评估过的全美80多所工学院中名列前茅。

ZJUI人才培养成果备受瞩目，连续五届本科生毕业生去向取得亮眼成绩，在2020年至今毕业的ZJUI本科学生中，总体深造率为90％，TOP10国际顶尖名校录取率为40％，TOP20国际顶尖名校录取率为75％。学生普遍具有突出的创新和实践能力、卓越的国际交流能力、强烈的家国情怀和责任担当等特点。学生本科在读期间高水平期刊或会议论文发表率为28％，并在众多国内外赛事中获得好成绩，包括在美国大学生数学建模竞赛中获特等奖及冠名奖、第十五届全国大学生结构设计竞赛中获国家一等奖、“互联网＋”大学生创新创业大赛中获金奖、全国大学生游泳锦标赛中获金牌等。

三、学院治理

（一）管理机制

1. 行政管理

学院管理机制总体是“院为主体，协同治理”模式，即ZJUI学院为办学主体，浙江大学与 UIUC 参与治理，国际校区在代行浙江大学的校级管理职能的同时，为 ZJUI 提供公共服务。ZJU－UIUC 联合管理委员会（ZJU－UIUC Joint Management Committee, JMC）是学院的最高决策机构，分别由浙江大学和 UIUC 两校派出成员组成。国际校区研究制定校区建设和发展的全局性、方向性和战略性的重大事项，对 ZJUI 的办学目标和发展战略做出宏观引领以及相应的评估监督。ZJUI 遵循浙江大学和国际校区的宏观发展战略、中长期规划，制定办学周期内的学院中长期规划，实施各项办学任务，国际校区代表浙江大学定期对任务执行、目标达成情况进行评估和指导。

2. 学术管理

ZJUI 充分发挥教授在学术事务管理中的主体作用，依法保障学术活动的独立性和师生的学术自由。在国际校区，ZJUI 建立了学术委员会，ZJUI 学术委员会是最高的学术组织。根据国际校区授权，ZJUI 学术委员会在校区学术事务中发挥咨询、审议、评价和监督作用，主要承担审议学科发展规划、学术项目咨询和论证、学术成果和学术水平评价、指导和监督学术道德等功能；对学院的学术领域的重大事项开展咨询、审议、评定和监督，保障教师、科研人员、学生的权益，在教学、科研和学术事务中发挥主体作用。

ZJUI 是教学和科研的具体组织和实施单位，具有办学和学术管理的自主权。ZJUI 强调教学管理、学术管理的核心地位，根据学院发展和社会需要，ZJUI 建立了学籍管理、培养方案等人才培养核心体系，实施课程安排、组织教学活动、专业实验室建设管理、教育教学质量检查评估等任务，持续探索与完善交叉复合人才培养体系。

（二）保障与监督机制

作为教育监管的一部分，ZJUI 的办学需要接受多方的评估和认证。作为中外合作办学学院，一方面需要接受合作方的评估和认证，包括外方合作高校UIUC的内部教育评估与监督，接受美国第三方教育机构的评估和认证；另一方面还需要接受中国教育体系的相关评估与监督，包括本科教育教学审核评估、中外合作办学评估等。以上评估和认证须遵循独立的指标体系，评估和认证工作不仅使高校中外合作办学人才培养质量保障体系复杂化，也很大程度上由于需要接受多方评估和认证要求而使其运行机制、教育教学管理等面临更大挑战。

四、案例总结

浙江大学国际联合学院（海宁国际校区）坚持“以我为主、高水平、一对多”的独特办学模式，在国际合作办学、国际化人才培养与汇聚、国际科研合作等方面取得了卓著成效，其教育国际合作的“辐射源”作用发挥显著，是广受关注的现象级案例。浙江大学与合作伙伴伊利诺伊大学厄巴纳香槟校区成功建立了非法人中外合作办学学院ZJUI，也因其在人才培养、管理机制上勇开先河的探索，为中美高水平合作办学树立了新标杆。

1. *在人才培养方面*

ZJUI通过探索融合东西方最佳实践的高等教育新模式，借鉴先进的人才培养和教育教学经验，培养具有创新思维和国际视野的交叉复合型人才。

在人才培养体系上，构建了中外深度融合的国际化人才培养体系：①通过与世界一流大学合作，创造性开启了高水平中外合作办学新模式，是在中国境内颁发学位的高水平中外合作办学机构之一。②全方位促进了浙江大学工程学科与美国一流高校工程学科的对接，从人才培养、科研合作、师生交流等方面实现了多层次、全方位、宽领域的学科对接和实质性办学。③融合东西方优势的人才培养模式基本形成，形成了中外双方有效认同的培养方案和教学管理框架。

在教育教学模式上，构建了深度师生互动、全过程管理、交叉创新培养的教育教学模式：①引进并有机融合，构建了一流的国际化交叉工程教育的课程体系，开设了跨学科交叉课程和交叉毕业设计。②形成了对接国际的教学方式和质量保障体系。启发式互动教学不仅实现了理论课和讨论课、实验课相结合的教学形式，也激发了学生学习兴趣和自主创新动力。全过程管理的课程评价体系和教学过程全面监管的多重质保体系，推进了教育教学管理与改革。③建立了以交叉融合为特色的科创训练和实践机制，着力于学生创新、创造、领导力的学习和训练。

在“全人培养”路径上，构建了“在地国际化”人才培养共同体，构建“德育共同体”“专业教育共同体”和“综合素质教育共同体”三个维度，构建了以立德树人为目标、以学生成长为中心的“人才培养共同体”，形成了国际校区统筹下书院-办学学院“两院协同”的育人机制。

2. 在管理机制方面

以“院为主体，协同治理”的模式保障了学院能较为独立地开展教育教学和学术事务，国际校区为 ZJUI 提供公共服务、政策支持、资源支持，强化质量监督控制等。ZJUI 聚焦人才培养、科学研究过程的组织和管理，保证人才培养质量，激发科研创新活力，充分尊重学院和学者的教学和学术活动。

2022 年 9 月，国家发展改革委、教育部、科学技术部联合印发实施《浙江大学国际联合学院（海宁）、昆山杜克大学国际合作教育样板区建设方案》，支持国际校区以高水平教育对外开放汇聚和有效利用全球一流教育资源和创新要素，以我为主，中西融合，扎根中国大地探索“在地国际化”人才培养新模式，为我国成为具有强大影响力的世界重要教育中心贡献浙大方案。

第四节　中外合作办学项目：中国矿业大学和澳大利亚皇家墨尔本理工大学合作举办建筑环境与能源应用工程本科教育项目

一、学院的创办与基本概况

中国矿业大学(CUMT)与澳大利亚皇家墨尔本理工大学(RMIT)开展建筑环境与能源应用工程本科合作教育项目，该项目于 2012 年获得教育部批准运行。

作为澳大利亚十大顶尖高校之一，皇家墨尔本理工大学在理工科领域享有盛誉，被归入澳大利亚五大著名理工院校联盟。该校与企业界合作密切，大多数学生有实习或参与企业研究项目的经历。该专业毕业生不仅可获得学位证书，还可申请澳大利亚数量调查员学会、英国皇家特许测量师学会、英国皇家特许建造学会、澳大利亚建筑协会等四大专业认证机构的会员资格，就业前景广阔。中国矿业大学建筑环境与能源应用工程专业曾被列为江苏省“十二五”期间的重点建设专业。与皇家墨尔本理工大学的合作办学项目于 2015 年通过教育部评估，2016 年被评为江苏省高水平中外合作办学示范工程项目，2018 年顺利通过中期审核，2017 年获批延期招生。该专业师资力量雄厚，中外教师精诚合作，实现教学资源共享。中方由中国矿业大学建筑环境与能源应用工程专业的资深教师组成，外方则由皇家墨尔本理工大学的教师团队全程参与授课。教师队伍的学历、年龄、职称结构合理，学术水平和实践能力突出，完全能够满足项目教学需求。

中国矿业大学为此项目配备了先进的教学设施，拥有 9 个国家级、省部级和校级实验室，2 个国家级实验平台，3 个省级重点实验室和实验教学示范中心，4 个学院实验室，并建有 1 个国家级实习基地、6 个校级实习基地及 30 余个院级实习基地，为学生提供了宽广的实践锻炼平台。培养体系贴近行业前沿，设置科学合理。核心课程包括供暖、通风、空调、建筑节能等领域，在培养学生专业技能的同时开设国情课程、专题讲座等，拓宽国际视野、提升实践能力，可谓育人方式多元、内外并重。

近年来，该项目已成功打造了融通中西的国际化校园环境，构建起支撑高水平合作办学的开放运行机制。作为教育部首批通过评估的中外合作办学专业，它实现了融合东西方办学优势，成为国家高水平中外合作办学的标杆。

二、教育教学模式

（一）专业设置与人才培养

该项目是国内首个开展中外合作办学的建筑环境与能源应用工程本科生项目，在引进墨尔本理工大学优质教学资源和教育理念的基础上，与中国矿业大学的传统优势和特色结合起来，形成中西方融合的人才培养机制，致力于培育创新型、复合型工程技术与管理人才，该项目于 2016 年获批“高等教育中外合作办学高水平示范性建设工程”。该专业毕业生能够从事工业与民用建筑环境控制及建筑节能技术等领域的工作，能够立足亚太，适应国际化管理与技术的要求。中澳双方结合各自的人才培养方向和优势，寻求双方最大的契合点，共同拟定了融合型人才培养方案。

（二）培养模式和师资构成

专业设置教学环节 147 学分，实践环节 46 学分，课程设置上有以下特色：

1. 重视培养学生的英语实践技能

该项目为大二学生设置了全外方课程，因此学生有良好的听、说、读、写功底，为外方授课顺利进行奠定了基础。对选择“2＋2”模式的学生设立了更高的语言门槛，要求雅思均分达到6.0以上。除此之外，在课程设置上，英语实践课程比例提高。与非合作办学专业开设综合英语1～4不同，该项目开设基础英语、专业英语A和专业英语B，分四学期授课，分四个阶段逐步提升学生的语言能力。在拥有基本的语言能力之后，通过课堂授课、小组讨论和课后辅导的形式进一步提高专业英语水平。以海外留学专业英语能力为标准，全面提高学生的语言运用能力和表达能力，使学生英语能力达到雅思总分6.5的标准，为学生适应全英授课和海外留学生活奠定基础。

2. 重视基础与引进外方优质课程

重视基础与引进外方优质课程相结合是培养特色之一。中方强调数理基础和理论知识，外方则注重大工程教育和教育的实用性。在该项目的培养计划中，体现了保留中方优势，即在数学、物理、力学、电子、机械等专业设置上与非中外合作办学的高校趋同，这一举措保证了学生的核心竞争力和职业适应能力。此外，考虑到皇家墨尔本理工大学的建筑环境可持续和管理专业是其特色专业，选择了其中8门能体现教学精华的课程列入该项目的培养方案中，全面引进外方的教学思路、优质师资、原版教材等资源。在具体应用过程中，沿用了小班智慧课堂授课的方式，并鼓励小组讨论式教学和启发式教学，通过多元考核系统对学生进行综合评价。

3. 课程内容重组和升级

澳方的专业课程注重对学生实践本领的培养，中方计算机编程课程通常设置VB程序设计和C＋＋程序设计等，而该项目开设常用科学计算机语言MATLAB计算与编程。因为从就业市场反馈来看，MATLAB语言因效率高、可靠性强、适应性强的特点而拥有更大的应用市场。因此，在培养计划中将传统的C＋＋程序设计改为MATLAB计算与编程。另外，开设课堂理论学习和现场认识实习课程。在一个阶段的理论教学活动结束后，带领学生到有代表性的大型工程现场进行现场观摩学习，调动学生的积极性和兴趣。

4. 课程本土化改造

进行课程本土化改造，以促进中外合作办学项目的可持续发展。中外合作办学的根本目标是在引进外方优质资源的基础上进行自我消化，并加以融合和创新，从而实现自身能力提升。为此，在中外合作办学课程设置中，加入建筑环境学、新能源技术和工程项目管理三门全英文课程，由双方共同拟定教学方案、课件和考核标准，由本校专业教师授课，在此过程中外方都可以提出意见。双方也在规划热值交换原理与设备、通风与空气调节等核心课程的设置，共同构建中澳双方互通互认课程模式。

三、学院管理体制

（一）管理机制

为了保障该项目培养目标实现和办学质量提升，学校成立了校际管理中心和校内管理中心，打破了校内校外资源壁垒，协同各方力量，为中外合作办学项目规范化发展保驾护航。在校际方面，中方和外方大学建立项目管理中心，由双方校长、教学行政、外事、各学院人员构成，承担中外合作办学项目各项规章制度的制定工作，从大体上为中外合作办学的规范发展提供方向指导。项目管理中心每学年会定期召开研讨会，讨论中外合作办学的相关决策，对上学年政策执行中的问题提出解决方案，并就下学年的师资引进、教学安排、“2＋2”出国学生情况、外方奖学金评选以及教学质量评估等问题进行交流，达成一致意见。在校内方面，设立项目指导中心，由国际学院、土木学院、教学行政、外事、学生工作等部门构成，统筹校内资源，对办学过程实施规范化管理并开展办学监督工作，以全面保障办学质量。皇家墨尔本理工大学、中国矿业大学教务处和国际学院教学委员会成立了规范、合理的教学过程质量监管系统，定期对外籍教师教学资料进行随机抽查，以保证授课原则和澳洲本土原则统一。此外，学校进行专家评价和学生评价，将他们的意见进行收集整理并反馈给相关授课教师，有针对性地促进教学过程的优化。

（二）保障机制

首先，引进一批学术造诣高、实践能力强的外籍教师来校授课，从而将国外大学先进教学理念和模式直接引入该项目中。与此同时，定期举办专题研讨会和讲座，邀请国内外学者来校参与学术交流活动，以此种方式使师生了解和接触国际科技前沿，开阔视野。其次，注重中方教师的国际化能力建设。按照中澳合作办学协议，中方学校需每年选派 1～2 名优秀教师赴皇家墨尔本理工大学进修学习，全程参与澳方的各个教学环节，感受澳方的教学思维、方法和实际教学情况，切实提升教师的国际化教学水平和专业能力。此外，学校也重视教师的科研能力建设，通过高校公派研究学者项目、高校优秀青年教师出国研修项目、科研资助等途径出国进修。

此外，根据中方高校培养国际一流人才的标准，学校为学生出国交换和交流提供专项资金。中方高校每年都有多批优秀学生前往皇家墨尔本理工大学进行 3～4 周的海外交流或实习，这种近距离接触国外高校优质实习和教学资源的活动有利于学生了解专业前沿，开阔国际视野。从成效来看，目前建环专业有超过 60％的学生拥有海外实习经历，这一比例大大超过了非合作办学专业的学生。此外，皇家墨尔本理工大学也定期安排学生来校进行为期两周的学术文化交流和实习活动，通过联合授课的形式促进双方学生交叉组队完成任务。

（三）约束机制

中国矿业大学与皇家墨尔本理工大学设有联合项目管理委员会，中国矿业大学内部设有中外合作办学指导委员会。国际学院负责项日的具体实施,设有项目事务、教学事务和学生工作事务办公室。多次以学生座谈会、年级会议等形式,了解学生对课程设置、教材选用、教学方式方法及手段、教师的教学水平及教学效果的意见建议,并及时做出调整。每门课程结束后,学生都有机会通过网络对课程进行评价和反馈,学校还向每一位项目内学生发放调查问卷,了解学生对该项目的满意度,便于及时发现和调整项目运行中出现的问题。此外,该项目建立了完善的教学质量监督体系,教学过程中采用教学督导制、期中教学检查、综合教学评价等方式保证教学质量。同时,中国矿业大学组织专家对皇家墨尔本理工大学提供的课程、教材、教学大纲、教师资质等方面的内容进行质量审核。

四、案例小结

本项目旨在引进皇家墨尔本理工大学优质教育资源,培养具有国际化视野的创新型、复合型的工程管理技术人才。在保留国内理论教育的基础上,加入国外工程实践能力和职业素养培养的特色,融合成为理论知识与工程实践与管理能力并重的复合型国际化人才培养计划(见图 3－2),

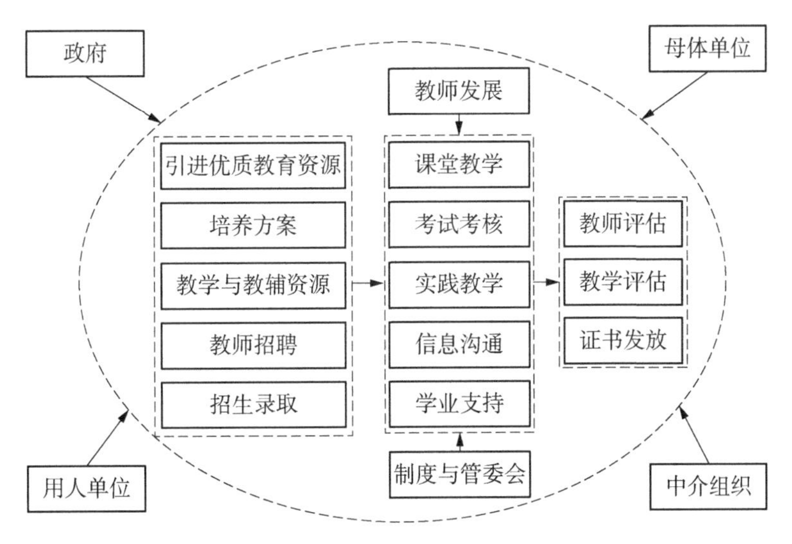

图 3－2　中国矿业大学和皇家墨尔本理工大学合作办学项目的人才培养框架

形成以下特色:重视培养学生的英语实践技能、重视基础与引进外方优质课程相结合、对课程内容进行重组和升级、进行课程本土化改造。同时,中澳双方还进一步探究双方在科研领域的深度合作,成立跨国学术课题小组,以科研项目合作促进本科中外合作办学项目质量的提高,提升项目的知名度和影响力。目前,中澳双方在可再生能源建筑一体化技术、天然能源应用、建筑节能理论和技术等方面已经展开了实质性合作。

第五节 案例比较分析

一、差异比较

以第二章所梳理的人才培养机制理论框架为依据,本节根据人才培养机制的关键维度,即培养过程、管理、保障及约束机制,对西交利物浦大学、浙江大学伊利诺伊大学厄巴纳香槟校区联合学院、中国矿业大学和皇家墨尔本理工大学合作举办建筑环境与能源应用工程本科项目的人才培养案例进行分析,并将主要内容进行比较,如表 3-4 所示。

表 3-4 三个中外合作办学案例人才培养实践的比较

内容机制	中外合作办学案例		
	西交利物浦大学	浙江大学联合学院	中国矿业大学合作办学项目
培养过程机制	“五星育人模式”、以研究导向重塑教育、融入社会	打破传统工程学科界限,建立学科交叉平台、重视理论与实践结合	致力于培育创新型、复合型工程技术与管理人才、课程本土化改造、重视培养学生的英语实践技能

续表

内容机制	中外合作办学案例		
	西交利物浦大学	浙江大学联合学院	中国矿业大学合作办学项目
管理机制	扁平化的网络型组织结构；四大服务中心	负责对人才培养过程的统筹管理，确保各项目标任务及时完成	成立校际管理中心和校内管理中心；专家评价和学生评价
保障机制	外籍教师占80%；四大导师体系	注重通识博雅教育；本科生的生师比不高于8∶1	每年选派优秀教师赴澳方进修学习；构建学生交流互访机制
约束机制	受利物浦大学和英国高等教育质量保障委员会的认证和我国教育部中外合作办学评估	接受不同制度框架和监督系统的考验，包括多方评估和认证	设有联合项目管理委员会和中外合作办学指导委员会

二、共同特征

总体来看，三所高校中外合作办学人才培养机制也呈现了一些共同特点，总结这些典型机制对高校中外合作办学人才培养有很好的借鉴意义，如图3-3所示。在人才培养的过程机制维度，各高校虽有各自的办学目标和培养模式，但都拥有独具特色的学科体系，创设研究平台支持科学研究，与此同时重视理论与实践结合、重视培养学生的实践能力并发挥高校的社会服务功能。在管理机制层面，一方面形成了规范的招生流程和制度以保证生源质量；另一方面考虑到中外合作办学需要中外双方高校共同参与管理的特殊性，均成立了针对人才培养各环节的组织结构和管理中心，为多元主体参与管理提供了渠道。在保障机制层面，重视高水平的外籍师资队伍建设，让学生真正享受双方优质教育资源；为出国教师和学生提供资金支持，为他们出国交流或实习提供便利。此外，双方优质教学设施资源为学生日常学习和生活提供了最大限度的外部条件保障。在约束机制完善方面，中外合作办学高校均受到多方认证与评估，且各个评估分开进行，保证了双学位授予质量；在融合多种教育模式的基础上，构建教材和教学大纲、期中检查、综合评价全过程覆盖的教育质量监督体系。

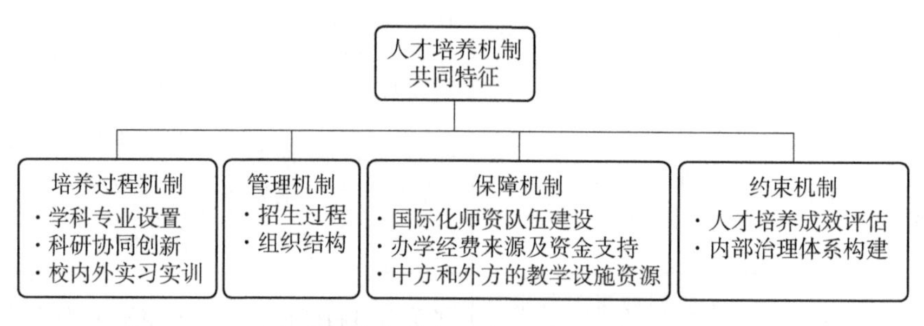

图 3－3　三个中外合作办学案例关于人才培养机制的共同特征

三、小结

本章选取西交利物浦大学、浙江大学伊利诺伊大学厄巴纳香槟校区联合学院、中国矿业大学和皇家墨尔本理工大学合作举办建筑环境与能源应用工程本科项目作为案例，依据对各自采取的人才培养方案及模式等基本情况的梳理，对上述三所高校中外合作办学人才培养实践进行深入研究，提取这些案例的培养过程机制、管理机制、保障机制及约束机制这四个方面的人才培养表现，剖析中外合作办学人才培养机制的共同特征。通过对这些典型机制进行梳理总结，可以更好地掌握中外合作办学人才培养的实践经验，为剖析我国现行中外合作办学人才培养机制及存在的不足提供比较依据，从而为人才培养机制优化提供借鉴。

第四章
中外合作办学人才培养机制的实证研究

第一节 研究设计

一、研究思路

本章重点研究当前中外合作办学的人才培养机制。首先，在总结中外合作办学人才培养发展进程的基础上，结合同行学术研讨的形式，归纳出在具体实践活动中呈现的诸多影响中外合作办学人才培养的基本要素；其次，以调查问卷的形式探究各个要素的重要程度与实际人才培养过程中的受重视程度，了解师生对这些要素的需求和实际人才培养过程中这些要素受重视程度之间的差异；再次，通过专家访谈，具体剖析这些基本要素在当前人才培养实践中的具体表现，进一步发现现状与需求差异形成的深层原因；最后，通过探索性因子分析，从中提取诸多公因子，构成中外合作办学人才培养机制的影响要素，为人才培养机制模型构建提供依据。

二、研究方法

本章采用问卷调查与专家访谈相结合的研究方法来剖析研究问题。问卷调查法为两个关键问题提供数据支持：一是中外合作办学人才培养机制各要素的重要程度，二是各个要素在当前中外合作办学人才培养中的实际情况。考虑到研究对象是中外合作办学人才培养机制，而被调查者应对人才培养实践有较深了解，所以，此问卷调查对象是中外合作办学专职教师、行政管理人员、学生和参与中外合作办学相关研究和管理工作的政府部门工作人员等。

专家访谈的意义包括以下两个方面：一是了解中外合作办学的人才培养实践，通过向专家了解中外合作办学人才培养方案的设计及实施和人才培养效果评价的具体标准，为我国现行中外合作办学人才培养机制的研究提供可靠的素材；二是明晰各个主体对当前人才培养实践的观点与评价，为中外合作办学人才培养机制现存问题的剖析提供参照。通过对高校中外合作办学独立法人机构、二级学院和项目的培养实践进行深入分析，并提取人才培养机制若干关键要素，确定专家访谈的对象为西交利物浦大学和浙江大学国际联合学院从事教学事务和对外关系管理的多位校领导、教务主管和专职教师。这两所学校开展人才培养工作较为规范，在中外合作办学领域有着较好的声誉，且涉及中外合作办学的不同类型，案例的选取有很强的代表性。单次访谈时间为 1～2 小时，对访谈过程进行笔录和录音，形成访谈纪要并留存。

第二节　问卷设计与发放

一、问卷设计与描述

本调查问卷的题项是从中外合作办学人才培养实践中提取的，问卷设计过程包括以下环节：首先，从大量关于中外合作办学相关理论的文献中取材，在自行梳理后构建出中外合作办学人才培养机制的理论分析框架；其次，基于该框架对中外合作办学人才培养的三个案例进行深入剖析，结合专家意见及调查问卷的分析结果，提取中外合作办学人才培养现行机制的诸多基本要素，构建人才培养机制的概念模型见表 4-1，并将这些要素作为问卷题项。之后，向被调查人员发放预测试问卷，根据他们的意见在内容和格式等方面做进一步完善，最后形成问卷终稿。

表 4-1　中外合作办学人才培养机制的概念模型

模块	要素
培养过程机制模块	A1 学科专业设置
	A2 科研协同创新
	A3 校内外实习实训
管理机制模块	B1 招生过程
	B2 组织结构
保障机制模块	C1 国际化师资队伍建设
	C2 办学经费的来源及资金支持
	C3 中方和外方的教学设施资源
约束机制模块	D1 人才培养成效评价
	D2 内部治理体系构建

调查问卷由三个部分构成（详见附录 1）：第一部分是对问卷的整体介绍，包括向调查对象说明此问卷调查的目的和填写方法等；第二部分是调查对象的个人基本信息情况，包括身份、所属高校类型、学历背景等；第三部分是主体部分，主要对中外合作办学人才培养的关键机制要素在 1～5 分范畴内进行重要性打分。

二、问卷回收与结果

2022 年 1—2 月发放网络问卷，共有 190 人填写问卷，有 175 人按题目要求作答，完成问卷调查，在剔除呈明显规律的无效问卷后，最终获得有效问卷 153 份，问卷有效率为 80.5%。

三、样本分布

本节对统计结果的基本情况进行描述性统计分析，从整体上把握数据分布情况。

（一）样本的身份分布

调查对象主要由四部分组成（见图 4－1）：中外合作办学机构和项目的学生，占样本总数的 45.75％；中外合作办学专职教师，占样本总数的 34.64％；参与中外合作办学相关研究和管理工作的政府部门工作人员，占样本总数的 7.84％；中外合作办学行政管理人员，占样本总数的 11.76％。

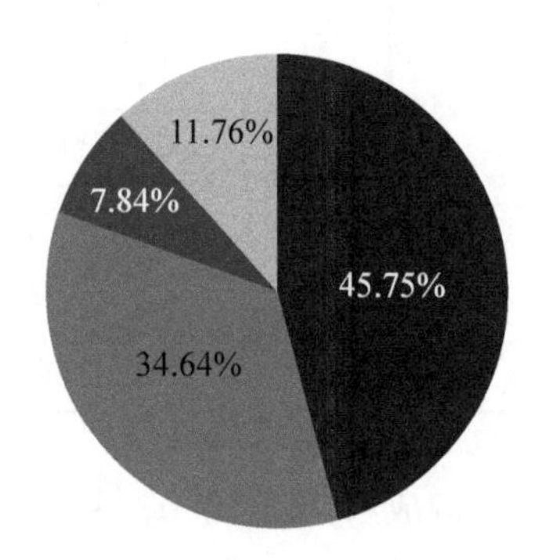

图 4－1　样本的身份分布

（二）样本所属的高校类型分布

图 4－2 显示，在回收的有效问卷中，调查对象中来自省属高校占比为 57.52％，来自部属高校占比为 16.99％，来自民办高校占比为 13.73％，其他占比为 11.76％。

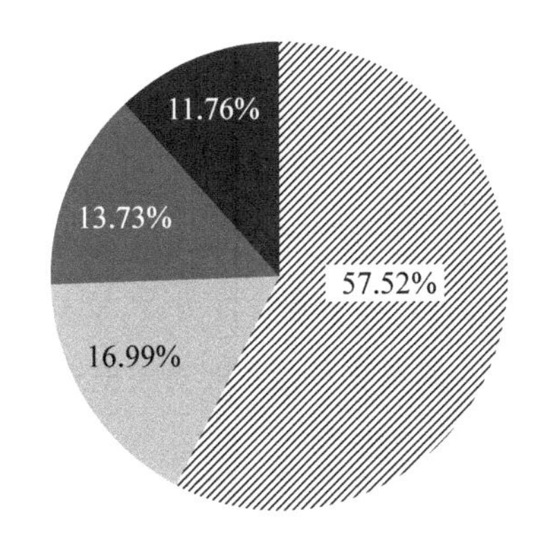

图 4-2　样本所属的高校类型分布

（三）样本的最高学历分布

在回收的有效问卷中，调查对象中最高学历为专科的占比 13.73%，最高学历为本科的占比 64.71%，最高学历为硕士的占比 18.29%，最高学历为博士的占比 3.27%，如图 4-3 所示。

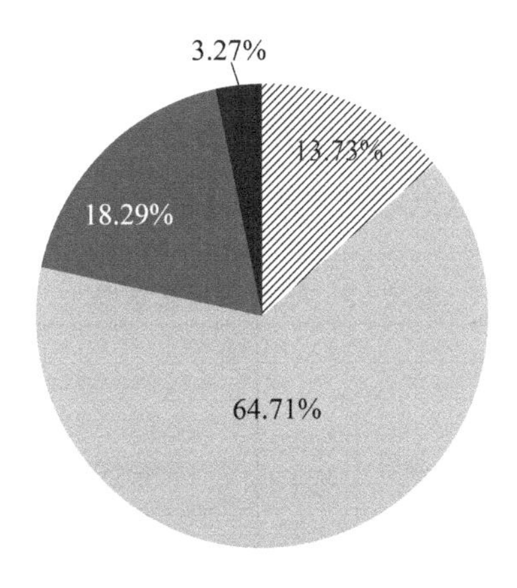

图 4-3　样本的最高学历分布

第三节　中外合作办学人才培养机制的要素研究

本节根据调查问卷中“对中外合作办学人才培养的重要程度”及“在当前人才培养实践中的受重视程度”两项数据进行对比剖析。为了方便起见，将调查对象对中外合作办学人才培养的重要性认知表示为“重要程度”，并将当前人才培养机制下对该要素的重视状况表示为“重视程度”。在进行专家访谈后，进一步剖析这些影响要素在实际人才培养过程中的表现，并对各个要素重要程度和重视程度间差距形成的背后原因进行深度探讨。

一、T检验与描述性统计

（一）T检验

通过对配对样本进行 T 检验并分析配对样本之间是否存在显著性差异，来探讨诸多要素的“重要程度”和“重视程度”之间是否存在显著差异，如果 p 小于等于 0.05，则代表有显著差异。通过配对样本的 T 检验结果可以发现，这两组数据之间呈现显著差异(见表 4－2)。

表 4－2　样本 T 检验结果

		配对差值					t	自由度	显著性(双尾)
		平均值	标准差	标准误差平均值	差值 95% 置信区间				
					下限	上限			
配对 1	A1 重要程度-A1 重视程度	0.4	1.356	0.096	0.211	0.589	4.171	199	0

续表

		配对差值					t	自由度	显著性（双尾）
		平均值	标准差	标准误差平均值	差值 95% 置信区间				
					下限	上限			
配对 2	A2 重要程度-A2 重视程度	0.505	1.588	0.112	0.284	0.726	4.497	199	0
配对 3	A3 重要程度-A3 重视程度	0.305	1.76	0.124	0.06	0.55	2.451	199	0.015
配对 4	B1 重要程度-B1 重视程度	0.23	1.279	0.09	0.052	0.408	2.544	199	0.012
配对 5	B2 重要程度-B2 重视程度	0.365	1.457	0.103	0.162	0.568	3.543	199	0
配对 6	C1 重要程度-C1 重视程度	0.305	1.229	0.087	0.134	0.476	3.511	199	0.001
配对 7	C2 重要程度-C2 重视程度	0.425	1.691	0.12	0.189	0.661	3.555	199	0
配对 8	C3 重要程度-C3 重视程度	0.655	1.526	0.108	0.442	0.868	6.072	199	0

续表

		配对差值					t	自由度	显著性（双尾）
		平均值	标准差	标准误差平均值	差值 95%置信区间				
					下限	上限			
配对 9	D1 重要程度-D1 重视程度	0.485	1.588	0.112	0.264	0.706	4.319	199	0
配对 10	D2 重要程度-D2 重视程度	0.26	1.467	0.104	0.055	0.465	2.506	199	0.013

（二）描述性统计

对各因子在认知上的重要程度和受重视程度进行对比，如表 4－3 所示。

表 4－3　各项人才培养机制要素的重要程度和重视程度对比

因子	重要程度	重视程度	差距
学科专业设置	3.555	3.155	0.4
科研协同创新	3.355	2.85	0.505
校内外实习实训	3.4	3.095	0.305
招生过程	3.82	3.59	0.23
组织结构	3.525	3.16	0.365
国际化师资队伍建设	3.78	3.475	0.305
办学经费的来源及资金支持	3.705	3.28	0.425
中方和外方的教学设施资源	3.96	3.305	0.655
人才培养成效评估	3.64	3.155	0.485
内部治理体系构建	3.49	3.23	0.26

各项人才培养机制要素的重要程度与重视程度对比雷达图，如图4－4所示。

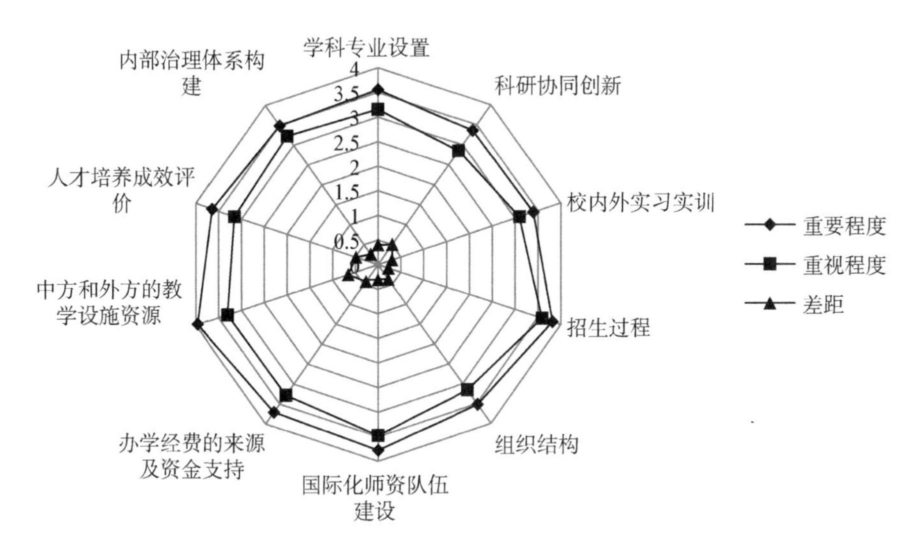

图4－4　各项人才培养机制要素的重要程度与重视程度对比雷达图

二、现状与需求的比较研究

（一）培养过程机制

本研究结合我国人才培养实际情况对于该模块的三个要素进行探讨。观察中外合作办学的人才培养过程，主要包括学科专业设置、科研协同创新和校内外实习实训。首先，学科专业设置为高校中外合作办学内涵式发展提供动力，高水平国际化人才培养离不开一流的专业，而一流的专业离不开学科特色和优势作为支撑，三者之间是互相联系、彼此支撑的关系，这也是人才培养作为中外合作办学高校建设关键任务之一的内在原因。考虑到中外合作办学类型高校的特点，在评估中外合作办学专业设置的规范性和合理性时，应从两方面着手：一方面看学科专业的设置是否与外方的特色和优势学科相符合，即是否真正引进了外方的优质教育教学资源；另一方面看学科专业的设置是否符合经济社会发展的需求。其次，科研协同创新能力是衡量中外合作办学人才培养质量的关键要素，科学规范的科研训练能够培养学生的实践本领和创新能力，为研究工作的开展提供可靠的物质保障，最终提高学生有效探索的技能和研究本领。由此可以看出，目前中外合作办学重视教学领域的人才培养，科研协同创新领域的深度合作有待加强，这导致中外合作办学学科对中方高校的一流学科建设贡献不足，且难以为硕士及博士等高层次人才培养提供支持。再次，作为人才培养的关键，学校希望及时了解产业需要，并在此基础上更新培养方案，培养出能够适应经济社会需求的专业人才；用人单位作为中外合作办学人才培养的直接受益者，也需要及时反馈人才需求，使人才培养机制真正发挥出人才选拔、培养和评价的作用，这就对中外合作办学校内外实习实训活动提出了新的要求。表 4-3 中将这三项要素的现状和需求进行对比研究。在培养过程机制的三项因子中，以“科研协同创新”因子的重要程度与重视程度落差最大，两者评分均值相差 0.505 分，说明目前中外合作办学人才培养过程中对该要素投入不足。一方面可能受到中外合作办学的人才培养经验、资金及科技人才不足的制约，另一方面可能因为中外合作办学人才培养对科研创新价值的认同程度有待提升。在调研过程中，来自浙江大学国际联合学院的专家表示：

“国外一流大学纷纷将科研创新作为学校的核心竞争力，反观我国高校中外合作办学，考虑到其办学方的创新能力和高水平创新人才培养的办学定位，更应该重视科研创新的重要性。目前我校中外合作办学由于经验不足，不仅在科研创新中心建设和科技人员培养方面有待加强，而且产出的科研创新成果也呈现数量少、层次低的现象。”

除此之外，实证结果表明，学科专业设置和校内外实习实训也有待完善，这两项要素的重要程度及重视程度评分分别相差 0.400 分和

0.305分。中外合作办学在人才培养过程中要将学科专业建设摆在首要位置，并且及时与相关企业对接，了解社会及产业需要，加强校企合作，为高等教育国际化发展和产业进步打下坚实的基础。

（二）管理机制

首先，结合我国人才培养实践对该模块的招生过程管理和组织结构两项要素进行讨论。对中外合作办学人才培养而言，管理机制是管理机构对开展中外合作办学人才培养的机构或项目、学生主体、相关设施环境等进行组织、协调和调整的过程，是管理部门为开展中外合作办学的机构和项目提供方向引导和全局把控的方式。从顶层设计角度开展中外合作办学人才培养管理，尤其是对学生招生过程、学校人才培养组织架构等关键环节进行宏观指导。学生招生是人才培养的前提，也是影响人才培养效果的关键要素之一。中外合作办学人才培养质量对于规范中外合作办学行为和引导中外合作办学方向发挥着基础性作用。重视中外合作办学人才培养质量监控体系的建设，应从招生过程入手，控制入口质量，建立起有效的运行机制，进而保证人才培养质量的提高。其次，合理的组织结构是提高中外合作办学人才培养质量和工作效率的组织保证，通过对中外合作办学现有组织结构优缺点的分析，构建更加合理、有效的学生工作组织结构，以提高中外合作办学人才培养工作成效，促进国际化人才培养进程。该机制的重点不仅在于宏观指导，还在于监督和控制，对于人才培养相关工作进行考核，并提出改进意见。

表4-3所示为将这两项要素的现状和需求进行对比研究。被调查者认为招生过程管理和组织结构比较重要，其重要性评分在3.5分～3.9分，然而在人才培养实践中的重视程度有待提高。招生过程及组织结构有待完善，两者重要程度与重视程度评分的落差分别为0.230分和0.365分。通过对中外合作办学管理人员的调研了解到，当前社会以及学生和家长对中外合作办学机构和项目存在一定程度的误解，致使中外

合作办学招生遇冷，生源质量也直接影响了人才培养成效。同时，中外合作办学机构和项目要接受中方和外方的双重管理，导致出现特有的教学管理问题。中外合作办学管理涉及师资队伍管理、学生管理、教学管理、成绩管理、党建工作等方面，管理范围和工作量大，之前的管理方式无法满足中外合作办学发展的需要，在这种情况下，管理机制调整是大势所趋。

（三）保障机制

结合中外合作办学人才培养实践对国际化师资队伍建设、办学经费的来源及资金支持、中方和外方的教学设施资源情况展开讨论。保障机制是对学生在校期间开展学习、科研、实习活动的外部环境支持，最大范围内为学生的学习和生活提供支持，包括高水平师资队伍、经费支持和基础设施等。这些资源为提高学生的竞争优势奠定了基础，也是各项学习、科研、实践活动顺利开展的前提条件。首先，师资队伍建设是中外合作办学人才培养关键的要素，考虑到中外合作办学的特殊性，在师资配置中外籍教师的重要性更为突出。由于中外合作办学对人才培养提出了更高的要求，只有引进外方合作高校"纯正"的优质教师，才能保证教学系统引进的规范性。其次，资金支持是学生学习和科研活动顺利进行的前提。中外合作办学机构和项目的经费支持主要来自政府财政拨款、社会投资和自身经营三部分，但是较之我国公立、私立高等院校，中外合作办学机构的融资多元化程度相对较低，而资金问题直接影响了教师队伍建设，甚至会影响学校生存。最后，基础设施是指在人才培养过程中需要的教学设备、实验器材、小班研讨室等硬件资源。这些资源共享将促进资源合理利用，让中外合作办学学生获得更多的研究支持，有利于教学和科学研究工作的深入开展。为了更好地实现资源共享，打通校内资源并提供参与不同研讨室讨论和实验室研究的机会，让中外合作办学学生能够拥有更多的学习时间和研究空间，这对于中外合作办学人才培养工作开展有很大的帮助。

表4-3所示为将这三项要素的现状与需求情况进行对比分析。受调查对象普遍认为国际化师资队伍建设和办学经费比较重要，评分分别为3.780分和3.705分；然而，对两者的重视程度评分分别为3.475分和3.280分，这说明仍需加大对师资队伍的投入和办学经费渠道的拓宽。正如西交利物浦大学一位接受访谈的专家表示：

"学校的经费来源不只依赖于政府扶持，绝大部分办学成本由学校自己承担，高校经费通常按照办学利益相关主体的实力和规模大小浮动，教学投入波动性大。此外，由于合作办学需要引进国外师资队伍，为了吸引外籍教师而设定了优厚的薪酬待遇，但是因为办学经费紧缺，只能选择降低中国本土教师的薪酬待遇。在我校语言中心的岗位设置中，英语语言教学岗位同时招聘外籍教师和中方教师授课，尽管中方教师与外籍教师资历相近甚至高于外籍教师，但是中方教师所获薪酬远不及外籍教师。同时，我校实行企业化管理，导致学校教师和行政管理人员的稳定性较差，而一线教师往往偏离了'以学生为中心'的办学导向、忽视了学生的真正需求，这种用行政化配置资源的方式存在很多不合理的地方。"

此外，被调查对象关于中方和外方的教学设施资源这一要素的重要性和受重视程度评分同样存在一定程度的差距，说明中外合作办学在加大对师资和办学经费的管理外，还需要完善相关硬件设施，来支持其可持续发展。

（四）约束机制

结合我国人才培养实践对该模块的人才培养成效评估和内部治理体系构建两项要素展开讨论。一方面，新时代对中外合作办学机构和项目的人才培养提出了更高要求，中外合作办学人才培养评估体系需要完善评估层次，分层次对评估结果进行公示并接受监督。同时，中外合作办学机构和项目应在符合教育部评估标准的基础上适当作出调整，有针对性地制定符合本学校、本项目的评估机制。除此之外，加强党建工作也是中外合作办学提质增效的重要保证。特别是在后疫情时代，中外合作办学如何更好地服务于国家规划、落实立德树人根本任务、面对新旧规则的过渡，进而完善评估机制，构建出一套具有引领作用的中外合作办学评估和监管体系，都面临着巨大的考验。另一方面，中外合作办学存在外方参与度不足和中方被动接受教育资源的问题，导致难以真正合理利用外方优质资源。外方往往投入较少的人力资源、基础设施和资金支持，过于看重合作办学的经济利益，很难为中外合作办学的长远发展提供可靠的支持。中方依赖引进外方合作高校的优质资源，而外方母校参与人才培养全过程的意愿不足，所以双方在全方位合作上难以达成共识。这背后的原因主要是双方参与的人才培养过程缺乏可行的人才培养质量监督和评价体系。所以，想要促进中外合作办学事业的蓬勃发展，需要以我方为主进行人才培养改革，积极主动地与外方高校合作；同时，构建双方共同参与、深度融合的人才培养机制和质量监管机制，规范中外合作办学的中方和外方高校共同参与人才培养全过程。

表 4 - 3 所示为将这两项要素的现状与需求进行对比分析，人才培养成效评价的重要程度与重视程度评价落差为 0.485 分。这说明未来各评价主体应进一步健全中外合作办学的人才培养成效评价机制，提高中外合作办学人才培养工作开展的规范性。表 4 - 3 还显示，内部治理体系构建的评分为 0.260 分，其原因主要在于中外合作高校共同参与人才培养全过程的意识不够，难以对中外合作办学人才培养水平的可持续提升提供支持。

本节对四项人才培养机制的现实情况和认知层面的评分进行对比

研究，从培养过程机制来看，目前大部分中外合作办学机构和项目的学科专业设置缺乏特色、科研协同创新能力较低、校企合作不够深入，限制了其人才培养的多元化；从管理机制来看，招生过程和组织结构的合理性还需要加强；从保障机制来看，办学经费的紧缺直接导致了国际化师资队伍有较大的波动性；从约束机制来看，人才培养成效评估和内部治理体系构建有待完善。由表 4－3 可知，根据问卷调查的结果，人才培养机制各要素的重要程度均高于 3，说明各方均认识到这些要素在中外合作人才培养中的重要程度。其中各人才培养机制要素的重要程度均显著高于其受重视程度。表 4－3 中学科专业设置、招生过程、组织结构、国际化师资队伍建设、办学经费的来源及资金支持、中方和外方的教学设施资源以及人才培养成效评价的重要程度均值均高于 3.5，说明在众多要素中这些要素更受到大家的关注与认可。而在受重视程度方面，其均值范围为 2.850～3.590，说明这些要素受重视程度仍处于中等水平，科研协同创新受重视程度最低，而招生过程则在众多要素中的受重视程度最高。从重要程度与受重视程度的均值差距结果可知，人才培养机制各要素的重要程度均显著高于其受重视程度，说明当前人才培养机制各要素的重要程度与受重视程度仍存在着较大的差距，以中方和外方的教学设施资源的均值差异最大（0.655），说明急需提升中方和外方对教学设施资源的重视程度，而招生过程的重要程度与受重视程度差距最小（0.230）。

三、因子分析

根据调查问卷中“各项机制要素重要性打分”的结果进行因子分析，重要性打分可以呈现被调查者对各项要素需求的大小，由于问卷调查的对象是中外合作办学人才培养领域具有相当程度认知的利益相关者，基于他们的需求进行因子分析，提取出公因子及各公因子下的要素构成，能够作为我国未来中外合作办学人才培养机制的雏形。

（一）信度检验

本调查问卷共包含十个指标，对总量表及各指标进行克隆巴赫检测，结果如表4-4所示，发现问卷的总体系数 α 为0.840，高于标准值0.7，总体信度较好；且量表各指标 α 值均>0.7，说明本问卷具有高度的内在一致性，证明本问卷的信度稳定可靠，可以进行下一步数据分析。

表4-4　中外合作办学人才培养机制要素信度分析结果

Cronbach 信度分析			
名称	校正项总计相关性(CITC)	项已删除的 α 系数	Cronbach α 系数
学科专业设置	0.406	0.836	0.84
科研协同创新	0.519	0.827	
校内外实习实训	0.523	0.827	
招生过程	0.625	0.817	
组织结构	0.545	0.825	
国际化师资队伍建设	0.573	0.822	
办学经费的来源及资金支持	0.592	0.82	
中方和外方的教学设施资源	0.515	0.828	
人才培养成效评估	0.479	0.831	
内部治理体系构建	0.573	0.823	
标准化 Cronbach α 系数：0.840			

（二）因子分析

通过SPSS24对本调查问卷量表进行探索性因子分析（见表4-5），经检验，本量表的KMO值为0.832，高于标准值0.7，且 p 值<0.001，通过了显著性水平检验，说明可以进行探索性因子分析。

表 4-5　因子分析 KMO 和 Bartlett 检验

KMO 值		0.832
Bartlett 球形度检验	近似卡方	617.856
	df	45
	p 值	0

通过对提取出的 4 个公因子进行因子分析(见表 4-6),旋转后的方差解释率为 70.633%,高于标准值 60%,说明因子分析的结果理想,符合要求。

表 4-6　因子分析方差解释

因子编号	特征根			旋转后方差解释率		
	特征根	方差解释率	累积%	特征根	方差解释率	累积%
1	4.136	41.356	41.356	2.43	24.305	24.305
2	1.19	11.902	53.258	1.887	18.87	43.175
3	1.042	10.425	63.683	1.646	16.461	59.636
4	0.695	6.95	70.633	1.1	10.997	70.633
5	0.612	6.118	76.751			
6	0.578	5.784	82.535			
7	0.547	5.468	88.003			
8	0.49	4.903	92.906			
9	0.397	3.973	96.879			
10	0.312	3.121	100			

通过采用最大方差法进行旋转,根据得到的因子旋转后的成分矩阵结果(见表 4-7)可知,各维度所包含的观测变量归属于同一因子,且各维度的因子荷载量均超过临界值 0.5。表 4-7 中因子 1 为培养过程机制模块,包含学科专业设置、科研协同创新与校内外实习实训;因子 2 为

管理机制模块，包含招生过程与组织结构；因子 3 为保障机制模块，包括国际化师资队伍建设、办学经费的来源及资金支持与中方和外方的教学设施资源；因子 4 为约束机制模块，包括人才培养成效评估与内部治理体系构建。因子分析的结果说明，在本问卷中所设计的题目和对应的维度设置合理，能够反映测量内容的特性，量表具有良好的效度。

表 4－7　旋转后的成分矩阵

名称	因子载荷系数				共同度（公因子方差）
	因子 1	因子 2	因子 3	因子 4	
学科专业设置	0.810				0.885
科研协同创新	0.765				0.692
校内外实习实训	0.718				0.639
招生过程		0.879			0.599
组织结构		0.644			0.702
国际化师资队伍建设			0.789		0.617
办学经费的来源及资金支持			0.684		0.661
中方和外方的教学设施资源			0.581		0.772
人才培养成效评估				0.801	0.792
内部治理体系构建				0.714	0.705

四、相关关系分析

表 4－8 是中外合作办学人才培养机制相关要素分析结果。

为探究中外合作办学人才培养机制要素之间的相互关系，笔者还对各要素进行了皮尔逊相关分析。分析结果显示，除学科专业设置与中方和外方教学设施资源（$r=0.167$，$p<0.05$）、学科专业设置与人才培养成效评估（$r=0.194$，$p<0.05$）之间除了存在中等相关关系外，其余各个变量之间还存在极其显著的正相关关系，各变量间相关关系的 p 值均

表 4-8　中外合作办学人才培养机制要素相关分析结果

	1	2	3	4	5	6	7	8	9	10
学科专业设置	1									
科研协同创新	0.369**	1								
校内外实习实训	0.413**	0.488**	1							
招生过程	0.350**	0.396**	0.357**	1						
组织结构	0.223**	0.217**	0.261**	0.506**	1					
国际化师资队伍建设	0.254**	0.339**	0.327**	0.472**	0.448**	1				
办学经费来源及资金支持	0.270**	0.241**	0.312**	0.440**	0.538**	0.513**	1			
中方和外方教学设施资源	0.167*	0.287**	0.230**	0.334**	0.409**	0.305**	0.421**	1		
人才培养成效评估	0.194*	0.399**	0.332**	0.341**	0.230**	0.242**	0.323**	0.374**	1	
内部治理体系构建	0.323**	0.353**	0.392**	0.377**	0.263**	0.387**	0.292**	0.449**	0.498**	1

注：*. 在 0.05 级别(双尾)，相关性显著；**. 在 0.01 级别(双尾)，相关性显著。

小于0.001,相关关系极其显著。说明在中外合作办学人才培养机制中各要素两两之间关系紧密,且其影响关系均为正向影响。

总之,根据因子分析的结果可以发现,中外合作办学人才培养机制可以分为4个维度:培养过程机制、管理机制、保障机制与约束机制,各机制及关键要素如表4-9所示。基于这一结论,我国未来高校中外合作办学国际化人才培养机制的构建可以从以上4个维度出发,在结合中外合作办学发展规律和成功经验的基础上,进一步完善现有要素。

表4-9　中外合作办学人才培养现行机制及关键要素

要素选择	因　子
培养过程机制	A1 学科专业设置
	A2 科研协同创新
	A3 校内外实习实训
管理机制	B1 招生过程规范
	B2 组织结构合理
保障机制	C1 国际化师资队伍建设
	C2 办学经费的来源及资金支持
	C3 中方和外方的教学设施资源
约束机制	D1 人才培养成效评估
	D2 内部治理体系构建

五、小结

在前文对中外合作办学人才培养机制发展进程进行梳理的基础上,本章提炼出在我国培养实践中涌现出的诸多培养机制的关键要素;选取对中外合作办学人才培养实践具有一定认知的相关主体进行问卷调查和访谈,对比其对中外合作办学人才培养实践中的若干要素的期望和现实情况评判,可以看出目前在中外合作办学人才培养过程中,学科专业设置过于集中、对科研协同创新和实习实践投入少、统筹管理的各个环节规范程度不足、条件保障机制和人才培养成效评价有待加强。最后，以各主体对各项机制要素的需求为基础进行因子分析，考察其系统框架，进一步回应和验证第二章提出的理论框架，并为未来中外合作办学人才培养机制构建提供借鉴。

第四节　中外合作办学人才培养机制的构建及建议

一、中外合作办学人才培养机制的模型构建

（一）建构原则

本书认为人才培养机制（见图 4－5）构建应坚持以下原则：一是过程性原则。人才培养是一个过程，由招生、课程体系、培养方案、实践平台、学位授予等多个环节构成，体现了高等教育培养体系的过程性。人才培养机制各构成要素之间的相互作用，最终也会反映到人才培养的过程中。二是可持续性原则。培养机制的可持续性是动态与静态的统一。课程体系、科学研究、实践活动是人才培养中的活跃要素，经常根据国家政策和经济社会形势的变化而调整；而为了更好地服务培养过程，管理、保障和约束系统通常保持较为稳定的状态。此外，可持续性要求模型能够适时而变，依据现实情况的不同来进行调整。三是实效性原则。人才培养机制模型构建是为了提取最具代表性和特征性的要素，从而清楚地呈现人才培养的构成要素、相互关系和运行方式。模型构建是为结果服务的，中外合作办学人才培养机制呈现了人才培养过程，最终可以以此为依据优化培养路径，将理论转化为实践。所以，模型构建需要以实际经验为基础，最终再返回实践，以发挥模型的最大效果。

（二）机制设计

（1）培养过程机制是整个中外合作办学人才培养活动和培养机制的

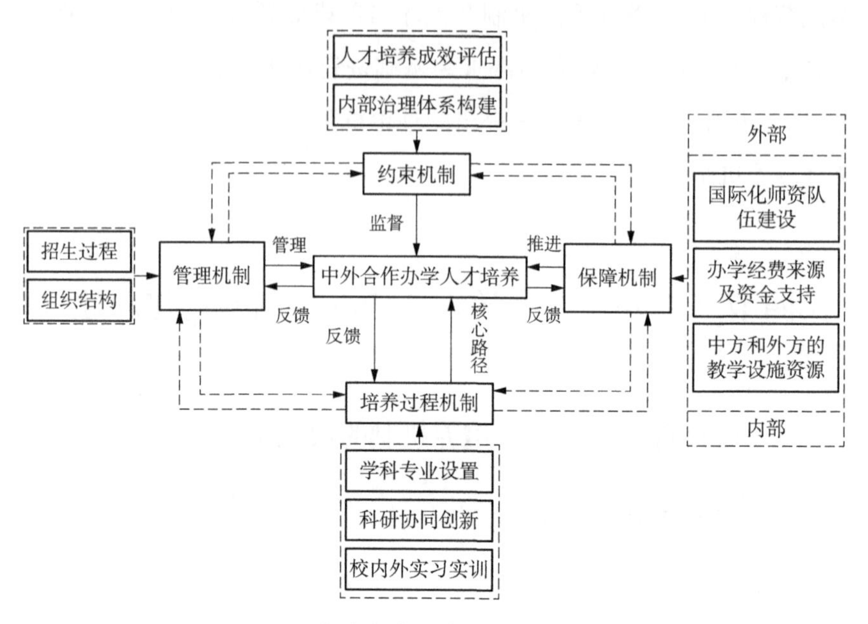

图 4-5　中外合作办学人才培养机制模型

关键，具体包括学科专业设置、科研协同创新和校内外实习实训。合理的培养过程机制保证了学生教学和培养工作的顺利进行，为学生课程学习和科学研究创造条件，是培养目标实现的基础。中外合作办学人才培养过程机制，反映了高校教学、科研、实践活动的安排，呈现了从学生入学到达到学业要求全过程的关键步骤，涉及培养过程中多方主体关系协调。一方面，培养过程的每个环节都与管理机制相对应，是对管理部门决策的具体呼应和执行。在培养过程中还会根据实际运行中发现的问题对管理机构作出回应，协助管理部门对某一环节的要求进行调整。另一方面，培养过程机制与保障机制互相配合，保证保障机制提供的师资力量、资金和基础设施支持得以有效应用。保障机制提供的资源使培养过程顺利进行；反过来，培养过程机制在实际操作中呈现的问题又能及时向保障机制作出反馈，提出新的标准。

(2) 管理机制是对中外合作办学人才培养施加的外力作用，自上而下对学生培养进行顶层设计，涉及学生招生、人才培养的总体目标、培养的具体时间节点安排、培养模式调整、培养项目引进决策、培养效果反馈与评估等。规范的学生招生过程和合理的组织结构是提升人才培养效果的关键指标，也是高质量人才培养的重要保证。因此，要严把“入口”关，做好对生源质量的监管；统筹中外双方管理，确保权责明确；根据实际运行中的问题及时调整，构建合理有效的组织结构和考核体系。

(3) 保障机制是人才培养另一个重要的外部力量影响机制，包含国际化师资队伍建设、办学经费的来源及资金支持、中方和外方的教学设施资源，它们是培养过程机制顺利实现的后方保障。保障机制的实现是内部与外部力量共同作用的结果，师资队伍包括本土教师、外籍教师、来自产业的资深人士；资金支持来自政府财政拨款、社会投资和自身经营；教学设施资源包括校内实验室、研讨室和校外产业数据、设备等。这些为人才培养工作开展提供了物质条件，并与学生个体有紧密联系，进而自下而上推动整个中外合作办学人才培养进程。

(4) 约束机制指的是利益相关者针对人才培养过程中的行为和效果进行的监管和督导行为，是规范中外合作办学人才培养活动和保证其良性运行的制度。通过覆盖人才培养各个环节的约束机制可以及时诊断现存问题，进而有针对性地做出调整，确保各主体对制度的遵守。结合我国人才培养现状及相关经验来看，完善的约束体系一般由以下两类机制构成：其一，对人才培养结果进行周期性评估，并完善分类评估机制，以增强其实效性；其二，内部治理体系的构建应体现中国特色，“以我为主”构建双方深度融合的人才培养质量保障体系。

二、中外合作办学人才培养机制的优化对策

(一) 加强培养过程管理，促进办学目标实现

1. 发挥本土专业优势，创建特色专业

中外合作办学的学科设置比较集中，坚持“小而精”的办学导向，这

种小规模的专业设置有利于促进不同专业之间的协同与配合，进而鼓励学科交叉、学科融合的发展。中外合作办学高校可以采取以下方式加强学科建设：首先，办学定位要突出特色和优势。中外合作办学高校的专业设置是在结合两校优势专业的基础上进行强强合作，同时也要考虑本土学科特色，成立既顺应我国经济社会发展需要又符合办学定位的特色品牌专业，进而使中外双方的学科优势都得到充分发挥，为学科整体实力提升和国际化人才队伍建设服务。其次，充分考虑本国实际情况，建设我国目前急需、薄弱和空白的学科。中外合作办学高校当前的专业以经济、管理、语言类等投入成本少的专业为主，而农学、医学等专业合作较少。我国引进其他国家优质教育资源的最终目的是为我所用、扬长避短，进而推动我国高等教育教学改革以及提升教学水平和学术能力。在引进优质教育资源后，能否充分发挥其积极作用取决于所处的环境和氛围，要想使中外合作办学高校引进的教育资源在我国本土教育环境中健康成长，需要从整体结构上探讨国内空缺学科，同时结合地方需求和学校自身发展定位，有选择性地开设与各地方经济社会发展相协调的急需专业。通过引进国外合作高校学科设置和专业规划的先进经验，加快培育国内急需学科和专业，从整体上提升学校实力和教育市场竞争力，培养新时代高水平国际化人才。

2. 重视科研协同创新平台建设，提高高校科技创新水平

科研协同创新是高校中外合作办学人才培养的重要环节，也是实现高层次合作办学的关键指标。中外合作办学是国内高校与其他国家高层次学校进行合作的重要渠道，也是贯彻执行国家教育规划的重要方式。但是，中外高校之间的科研协同创新难度大、花费时间长、需要投入的成本也较高，而且中外合作办学的周期比较短，所以科研交流与合作方兴未艾。目前，超过九成的中外合作办学高校实质性的国际合作创新较少且处于起步阶段，只有少数高校在国际协同创新领域取得了一定的成果。中山大学中法核工程与技术学院经过 10 多年的建设，先后创建

了中山大学—中国广核集团核电安全与应急联合研发中心、广东省核安全与应急技术工程技术研究中心、核安全与应急技术重点实验室等高端人才牵头的核工程技术研究中心。以此为鉴，高校中外合作办学人才培养应积极改进中外双方学校的合作形式、扩大合作领域，通过中外双方学校通力合作，全面整合各自的科研资源，以国际前沿科技为指导，成立高水平国际协同创新部门或研究所，主动申报国际科技合作支持计划和国家重点研发计划（专门支持重大国际科技交流与合作的重点专项），通过多种方式汇集和应用各方优质科研资源，产出有代表性的科研协同创新成果，从根本上提高高校科技创新水平。

3. 灵活办学与交流形式，实现共赢发展

之前由于席卷全球的疫情尚未得到控制，部分境外老师和学生无法返校，不少中外合作办学机构或项目采取线上教学或线上研讨的方式，收效显著。受疫情影响，上海纽约大学在全球高校里较早开展了线上教学，有效克服了疫情给国内外形势带来的困难。江苏昆山杜克大学的中外方教师通过线上研讨的方式，双方仍保持着紧密的沟通与交流。加强全部在境内实施培养过程的中外合作办学项目与机构建设，采取“4＋0”的本科模式，或“2＋0”的硕士项目，实现“不出国留学”，打破了外部环境的种种限制和制约。此外，受外部环境影响，中外学者与学生面对面交流机会与频率会降低，对此，我方可以借助在线系统，开展各种形式的学术交流研讨会议，推进线上无障碍民间交流。通过搭建国际学术交流与合作平台，形成教育文化“强磁场”，汇聚国际化高水平优秀人才，形成国际合作交流网络，实现深度交流。

（二）创新管理机制，重视人才培养顶层设计

中外合作办学人才培养有着独特的规则和体系，不仅要引进国外优质教育资源、学习国外成功经验，还要结合我国传统教育的精华，从整体上做出符合自身发展定位的人才培养顶层设计，从而实现提高我国整体

教育水平和人才队伍质量的目标。首先，在体制建设方面，要制定和调整中外合作办学相关的法规、制度，明确不同类型中外合作办学的目标定位，在人才培养顶层设计上，要坚持“以学生为中心”的思想，这是实现有中国特色的国际化人才培养的制度保障。一方面，中外合作办学高校的发展应遵循其独特的规律，因此在制定人才培养方案时，要尊重其自身发展节奏，并在培养过程中及时总结经验，使培养方案具有独特性和可行性；另一方面，不能盲目复制国外高校人才培养经验，而要做到“以人为本”，结合中外合作办学人才培养的优势，培养出真正意义上的高水平国际化人才。

为了构建独具特色的中外合作办学人才培养机制，需要全面探讨中方和外方合作高校教育体系的衔接、教育理念和思路的统一、统筹管理体系的融合等事项，这也是提升高校中外合作办学人才培养质量的关键环节。近年来，关于我国高等教育体制改革问题的讨论如火如荼，而中外合作办学高校作为这一改革的“先行者”，在引进国外先进教学经验和管理模式、建设高水平国际化人才队伍方面具有天然的优势。所以，要充分发挥这些优势来为我国的经济社会建设培养各类高水平国际化人才，助力中国教育对外开放事业，增加国内教育市场供给的多样性，促进高等教育领域的改革和发展进程，为我国传统大学人才培养模式的变革提供有益借鉴。

首先，由于办学形式的特殊性，中外合作办学高校存在特有的教学管理问题。比如，对中方教师和外籍教师实行不同的管理标准，中方教师和外籍教师课堂纪律的区别导致学生课堂表现的差异等。因中外合作办学高校需要同时受到来自中方和外方的双重管理，中外合作办学的管理人员要实事求是地制定出符合自身实际情况的管理制度至关重要。其次，应注重课程考核形式的多元化，改变传统大学局限于试卷笔试的方式。对外籍教师也应采取更加灵活的考核形式，在尊重法律规定和学校标准的前提下，最大限度地考虑双方的差异。最后，互联网广泛普及为创设“互联网＋中外合作办学”的教学与管理平台提供了新思路，适当增加网络课程比例，从传统的面对面教学模式向虚拟空间的互联网教学转变。中外合作办学管理涉及中方和外籍教师、学生、教学、成绩、纪律、党建管理等维度，管理范围大、任务重，创设“互联网＋中外合作办学”管理平台是新时代中外合作办学提质增效的需要，更是管理工作的需要。此外，对管理人员的专业化培训也是今后中外合作办学人才培养机制优化的重点。

（三）完善内外部条件保障，提升人才培养质量

具有国际视野和多元文化背景的国际化师资队伍是中外合作办学人才培养的重点，更是高水平教学质量和人才培养质量的保证。目前，中外合作办学的国际化教师比例较为合理，但是外籍教师的稳定性有待提高，这对多方机构通力合作提出了新的要求。例如，耶鲁—国大学院对高水平国际化教师实行保护政策，结合教学、科研和实习等安排的特点和周期，实行灵活、完善的教师发展规划；新加坡政府为了鼓励本国国际化人才培养和高层次人才队伍建设，专门成立国际人力资源团队，调整国际移民方案，通过提供高薪、成立科研中心和实验室等途径从其他国家引进专家。我国高校可以以此为鉴，以多种方式留住国际化教师，同时鼓励教师开展海外交流与合作，为教师队伍国际化成长提供支持。

此外，终身学习是教师专业发展的持续动力，为此，中外合作办学高校可以设立国际化教师终身学习和发展机构，定期组织教师交流与讨论，对国际化教师在教学、科研等活动中遇到的问题提供及时帮助，留住优秀教师。高水平国际化师资队伍建设是教学质量提升的重要保证，教师具备自觉的国际化行为有助于国际化教学实践活动的顺利开展。教师还可以在具体教学过程中融入多元文化，为学生提供了解和掌握多元文化、知识的机会。因此，多部门通力合作，致力于稳定国际化师资队伍，这也是提升中外合作办学人才培养质量的保证。

针对中外合作办学师资稳定性差、高水平外籍教师数量偏少的现状，高校需要实行专门的薪酬激励政策和职业保障制度，在国际化管理文化、学术环境、科研硬件条件、子女入学、晋升机制、薪酬福利等方面形成特有的竞争优势。作为一种新型办学形式，中外合作办学机构和项目应重视对全球资源整合，为老师和学生提供良好的科研硬件条件并形成宽松的科研文化氛围，成立国际联合实验室、技术创新中心等，更好地为外籍教师的教学和科研活动提供支持；设立开放、共享的国际化生活社区，为员工提供包容、多元文化的工作和生活环境。为长期在我国工作的外籍教师配备齐全的资源条件，真正实现“引进来，留得住”。西交利物浦大学为员工提供居住、出行和搬家等一系列补贴，创办了十五年一贯制、国际化附属学校，这对于吸引外籍教师加入和形成稳定的高层次国际化师资队伍发挥了重要的作用。

（四）更新约束体系，引领中外合作办学道路

1. 创新党建评价机制

尽管高校中外合作办学在教育理念更新、优质教学资源引进、学科和专业设置、促进高等教育国际化发展等方面都起到了引领作用，但是不可否认，目前我国高校中外合作办学还在各自摸索，还未构建起适应我国办学特色的、可行的人才培养评价体系。高校中外合作办学并不是两所合作高校的简单复制，它具有不同于国内传统大学和国外大学的特点，因此不能照搬国内或国外大学的评价系统，而要立足我国自身发展特点，建立适当的评价方式。在高等教育进入提质增效的新时代，建立起合理、规范的中外合作办学人才培养评价机制，对我国高校中外合作办学教学质量的管理、提升人才培养水平、特色品牌创建、赢得社会广泛认可都发挥重要的作用。

在我国高校中外合作办学人才培养评价体系的构建过程中，需要注意以下几点：一是从发展规划入手构建评价方式，只是把外方合作高校

的人才培养方案和评价方式应用于我国中外合作办学高校，从长远来看不足以为其特色化发展提供有效支持。需要结合国际教学观念和自身的办学目标，合理构建人才培养评价体系，确保自身人才培养质量满足国家、社会及学生的需要，保证教学活动顺利开展。二是结合高校中外合作办学的人才培养目标和内在关系，形成合理的分析体系，打造我国人才培养品牌和特色。三是要考虑到评价体系是一个系统，必须综合考虑各项人才培养影响要素之间的关系，将培养过程与评价体系结合起来，确保整体有序进行。作为迅速发展的新兴教育形式，中外合作办学不仅满足了人们对多元化教育的需求，而且有利于丰富人才培养模式和改善教学条件。这就需要形成符合自身特点、合理规范的中外合作办学人才培养评价体系，进而保证人才培养质量的提升。

我国高校中外合作办学必须坚决服从党的领导、时刻维护党的利益，尤其是在与外方合作大学和教师沟通交流时，要保持清醒的头脑，明确自身立场，把准方向。从政府、学校、学院到学生都要有适当的党建工作体系，成立中外合作办学党建领导小组进行决策制定和监督管理。在中外合作办学的课程设置中，思政类课程为必修课，体现了教育部门逐渐意识到中外合作办学人才培养中思政工作的重要性。因此，讲授思政类课程的教师在课堂中要将党建工作作为重点，让学生系统地学习党的理论知识，增强学生的修养。

此外，学校党委、学院党支部等要定期组织党员教育实践活动，向党员学生宣讲优秀党员事迹，并鼓励学生积极争取加入中国共产党，促进党的理论建设工作常态化发展。教育部中外合作办学合格性评估体系中添加了党建环节，体现了在中外合作办学评估体系中党建工作发挥越来越重要的作用。我国开展中外合作办学的高校需要建立起一套全面的考评系统，不仅要对中外合作办学的学生培养进行评价，还要考评中外合作办学的各级党组织。关于考评方式，可以创新党建评价体系，将自我评价和互相评价结合起来，保证中外合作办学这个特殊阵营中的党建工作能够高质量完成。

2. 坚定开放心态,坚守中国立场

无论外部环境风云变幻,都要坚持教育面向世界、面向未来,坚定开放心态不动摇,坚守中国立场,加强境外留学生的思想文化教育。最近,我国很多高校和中外合作办学机构已经意识到并在深入研究这个专项问题。首先,在学生培养中,要强化思想政治理论课,引导学生树立正确的世界观、人生观、价值观。加强爱国主义教育,引导学生正确认识西方文化,使学生具有分辨力和足够的思想定力与文化底气。江苏昆山杜克大学成立了以党委副书记兼任疫情防控工作领导小组学生工作组副组长,与学生事务院长、学生事务办公室基层党员同志一起开展学生工作,及时掌握学生的思想状况,确保学生思想动态稳定。北京工业大学成立境外中外合作办学学生疫情防控工作小组,建立"点对点""一对一"的工作机制,加强学生思想引导等工作。这些措施的实施,有效地防止了之前特殊时期学生思想可能出现的动荡。其次,加大出国留学生审核力度,尤其对公派留学生更要严格审查,对于思想品德层面出现问题的学生,及时采取措施予以制止。

第五章

中外合作办学收费机制研究

第一节　中外合作办学相关政策

中外合作办学涉及的法律主要有《中华人民共和国教育法》《中华人民共和国高等教育法》《中华人民共和国职业教育法》;行政法规主要有《中华人民共和国民办教育促进法实施条例》《中华人民共和国中外合作办学条例》(*Regulations of the People's Republic of China on Chinese-Foreign Cooperation in Running Schools*,2003,以下简称"《条例》");部门规章主要有《中华人民共和国中外合作办学条例实施办法》(2004,以下简称"《实施办法》");还有教育部下发的相关规范性文件《教育部办公厅关于开展中外合作办学评估工作的通知》(2009)、《教育部关于进一步规范中外合作办学秩序的通知》(2007)、《教育部关于当前中外合作办学若干问题的意见》(2006)、《教育部关于做好中外合作办学机构和项目复核工作的通知》(2004)。

中外合作办学机构和项目的收费标准和项目,根据《条例》第三十八条规定,应依照国家有关政府定价的规定确定。中外合作办学机构和项目在获得省级及以上教育行政机关批准后,应就合作办学的收费项目和标准向国家有关部门提出申请,经核准后凭收费项目许可证和核定标准进行收费。未经备案批准,办学者不得擅自增加收费项目和提高收费标准。

根据上述法律和相关政策法规，由省级教育行政部门对本地区中外合作办学机构、项目实施行政监管。承担的管理职责主要包括：对办学者招生实施监管，对办学者教育教学实施监管，对办学者内部管理体制实施监管，对办学者学历学位颁发实施监管，对学校收费及资产实施监管。

《实施办法》第五十条指出，办学机构与项目要通过网络、报刊等渠道，将办学层次与类别、专业设置、课程内容、招生规模、收费项目与标准等信息，每年向社会公布。

为贯彻落实"扩大开放，规范办学、依法管理、促进发展"16 字中外合作办学工作方针，进一步规范中外合作办学管理、提高中外合作办学质量、促进中外合作办学健康发展，教育部对中外合作办学机构或项目进行评估[《教育部办公厅关于开展中外合作办学评估工作的通知》(教外厅〔2009〕1 号)]。涉及中外合作办学机构收费机制的指标主要有：收费项目和标准是否符合国家规定，是否经收费主管部门核准，是否向社会定期公布收费项目和标准；中外合作办学的收费标准及项目与生均培养成本相比是否合理，与中外合作办学的招生简章和招生广告宣传中的承诺是否相符；中外合作办学机构收取的费用是否主要用于教育教学活动和改善办学条件，教学经费占学费收入的比例，是否能够满足中外合作办学的人才培养需求；要求取得合理回报的中外合作办学机构是否按规定取得合理回报等。

合理回报是在《中华人民共和国民办教育促进法》中出现的法律概念。根据《中华人民共和国民办教育促进法实施条例》(以下简称"《实施条例》")的具体规定，该条例规定的扶持与奖励措施适用于中外合作办学机构。因此，中外合作办学机构如在申请时明确表示要求合理回报的，经批准后可按国家的相关规定取得合理回报。

中外合作办学有三种形式：一是独立法人设置的中外合作大学，二是非独立法人设置中外合作办学“二级学院”，三是中外合作办学项目。按照《实施条例》第四十三条的规定，中外合作办学项目的办学结余，应当继续用于项目的教育教学活动和改善办学条件，规定中外合作办学项目不可以要求取得合理回报。对中外合作办学者不按照规定取得回报，要依法追究法律责任。包括没收中外合作办学者取得的回报，责令停止招生；情节严重的，吊销办学许可证；构成犯罪的，依法追究刑事责任。

第二节　中外合作办学收费现状

中外合作办学收费项目，主要包括学费、住宿费、服务性收费及代收费。高等教育中外合作办学机构学费标准的制定，主要依据合作办学生均培养成本（含直接成本、间接成本和管理成本），并充分考虑财政拨款、经济发展水平、受教育者的承受能力以及合作办学质量等因素。中外合作办学机构收费基本依据上述中外合作办学收费相关的文件执行。

一、中外合作办学机构学费情况

中外合作办学机构在不同省市、不同学校、不同专业、不同培养方式、不同培养类型的学费标准不同，据统计计算，目前本科生平均学费为每生每年 80 999.73 元。

不同学校收费不同。具有独立法人资格的中外合作办学机构本科生的学费大致在每生每年 40 000 元～120 000 元（见表 5 - 1）。例如，深圳北理莫斯科大学每生每年学费 40 000 元，宁波诺丁汉大学每生每年学费 90 000 元。非独立法人中外合作办学机构学费也不等，每生每年在 100 000 元左右，如浙江大学国际联合学院（含浙江大学爱丁堡大学联合学院、浙江大学伊利诺伊大学厄巴纳香槟校区联合学院）每生每年 120 000 元。国内学生和国际学生收费标准也不同，如上海交通大学密西根学院国内学费每生每年学费 75 000 元，国际生每年学费 80 000 元。

表 5-1 具有独立法人资格的中外合作办学机构本科生收费情况

学校名称	本科生 学费(元/学年)	所在地
上海纽约大学	120 000(一、二学年) 180 000(三、四学年)	上海
宁波诺丁汉大学	90 000	浙江宁波
温州肯恩大学	68 000(美术类专业) 65 000(其他专业)	浙江温州
昆山杜克大学	85 000	江苏昆山
西交利物浦大学	88 000	江苏苏州
北京师范大学-香港浸会大学联合国际学院	80 000(2015 级—2018 级) 90 000(2019 级)	广东珠海
香港中文大学(深圳)	95 000	广东深圳
广东以色列理工学院	95 000	广东汕头
深圳北理莫斯科大学	40 000	广东深圳

数据来源：根据上述各校官网整理

不同培养方式、不同培养类型收费不同。例如，上海纽约大学按照培养阶段设置不同的收费标准。第一、二学年每生每年学费 120 000 元，第三、四学年每生每年学费 180 000 元。

不同专业收费不同。大部分专业的学费在 10 000 元～49 999 元及 50 000 元～99 999 元两个区段之间，约占所有有效专业的 88.89%。如温州肯恩大学美术类专业每生每年学费 68 000 元，其他专业每生每年学费 65 000 元。

二、中外合作办学项目学费及其收支情况

2018 年中外合作办学项目的平均学费为每生每学年 42 172.26 元(包括本科、硕士、博士)。本科生每生每年学费 25 617.79 元(有效样本

N=644)，其中534个项目学费区间在每生每年10000元～30000元，约占本科生项目的82.92%。486个项目为每生每年学费15000元～28000元，占本科项目样本的75.47%。硕士生每生每学年平均学费为176623.14元(有效样本N=111)，博士生平均学费为215326.14元(有效样本N=13)。

从专业划分来看，以法律类学费最高，平均费用为每生每年41993元，艺术类、教育类项目的合作办学项目收费较高，均在每生每学年27000元左右，管理学、医学、经济学以及工学次之，均在每生每学年25000元～26000元，理学、文学和农学最低，均在每生每学年21000元左右(见表5-2)。

表5-2　中外合作办学本科层次项目专业平均收费表

专业类别	收费标准(元)
法学	41992.63
艺术学	27106.13
教育学	26996.89
管理学	26297.92
医学	25565.04
经济学	25274.51
工学	25101.28
理学	21872.66
文学	21819.39
农学	20642.82

数据来源:《2018年度中外合作办学发展报告》

高等教育中外合作办学项目学费标准，按照公办本科、公办专科、公办研究生、民办本科、民办专科的类别，设定基准标准。

办学机构可以根据外教课时比重、专业特点、办学质量等情况适当上下浮动，上浮幅度在20%～25%区间，上浮幅度各省市标准不一。学费标准各省市规定也不同，A省也有每生每年20 000元～60 000元的，还规定到具体的学校。以B省为例，基准学费标准在19 000元～23 000元(见表5-3)，此为国内学习阶段的收费标准。具体学费标准由办学机构在规定的幅度内确定，填写中外合作办学项目学费标准报告表，报省价格、财政、教育部门确认后执行。

表5-3　B省中外合作办学项目基准标准①

办学类别	基准学费标准(元)
公办本科	22 000
公办专科	19 000
公办研究生	25 000
民办本科	23 000
民办专科	20 000

中外合作办学项目开设省市区分布及相应本科学历收费标准。从中外合作办学项目全国收费水平来看，根据对全国28个省、自治区、直辖市本科项目合作办学收费的分析(见图5-1)，全国开展中外合作办学项目的省市中，甘肃省、四川省、北京市、广东省和陕西省的本科学费收费标准较高，超出全国平均值1.5～2.6倍。

中外合作办学项目的费用支出主要是用于学生培养的教育教学活动和改善办学条件。中外合作办学项目的支出结构大致可以归结为以下几个部分：教学及人才培养、教学保障、公共支出、办公经费、宣传费用。各类经费的划拨，由学校财务处统一执行。由各类经费使用部门严

① 学费上浮幅度不超过20%。分段学习项目，学生若赴国外学习，其费用按双方协议规定结算，不再收取中方学校学费。

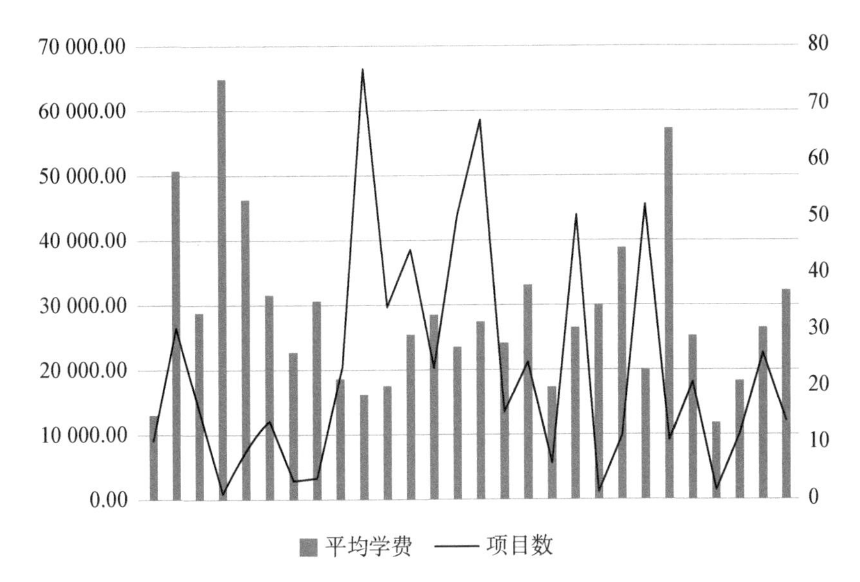

图 5-1　2018 年本科层次学历中外合作办学项目全国各省市人均学费情况分布

注：以上对全国有实际招生的本科层次中外合作办学项目 28 个省市自治区的合作办学项目收费进行统计。

格管理，专款专用发挥最大的效益，每年财务处、审计处对经费使用情况进行监督检查，结余费用管理主要用于转入学校事业基金，用于统筹未来学校教育教学、学科建设、人才培养等中心工作的开拓与发展等方面。

图 5-2 所示为 838 份有效的财务报告数据对全国中外合作办学项目的办学收支情况统计分析结果，从中可以看出，中外合作办学项目整体收支情况良好，盈利项目占总比的 63％以上，亏损项目占总比的 26.73％，收支平衡项目为 9.9％。绝大部分的中外合作办学项目收支状况良好，运营状况比较健康。

三、住宿费和教材费等代收费情况

除学费外的其他收费项目主要还有住宿费和教材费等代收费。

由于中外合作办学的学校所在区域和学校住宿条件不同，同一学校

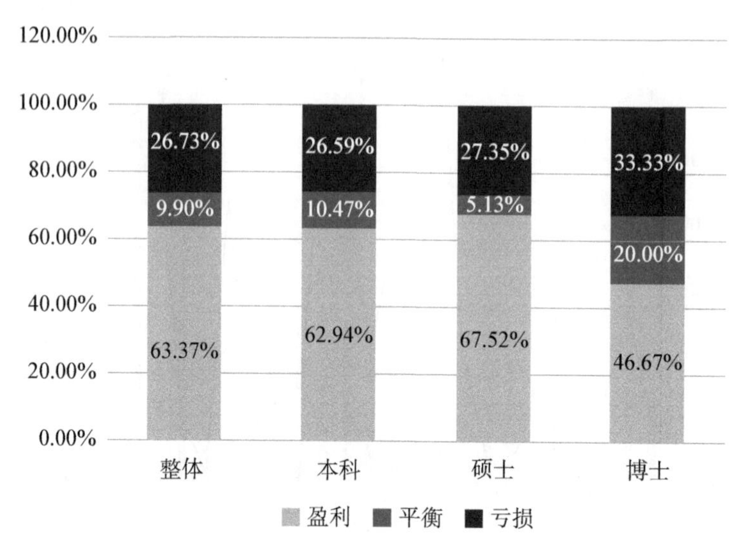

图 5-2　2018 年全国中外合作办学项目盈亏情况分析

数据来源：根据 838 份有效财务数据统计。

也有不同条件的学生宿舍供学生选择，如豪华间、普通间，单人间、标准间、三人间、四人间等，因宿舍设施配置等原因，住宿费参差不齐，不能一概而论。如上海纽约大学位于国际大都市上海，宿舍环境和条件较好，住宿费每生每年为 20 300 元～30 500 元，可供学生自行选择；笔者团队亲赴广东以色列理工学院调研并参观了学生宿舍，学校紧邻汕头大学，但由于地理位置比较偏僻，宿舍和普通高校多人间并无二致，因此住宿费每生每年收费 1 200 元。

教材费也由于各个中外合作办学机构、各个专业选择的教材，特别是外文的原版教材情况各不相同，没有可比性，但都是按照定价收费。

教材等代收费项目由学生自主选择，一些中外合作办学机构住宿费管理基本社会化、市场化，且选择性较大，接受服务才据实缴纳相关费用。笔者团队认为这方面没有重点研究价值，在此不一一讨论。具体可参见表 5-4“部分中外合作办学机构本科生住宿费与教材费收费情况”。

表 5-4 部分中外合作办学机构本科生住宿费、教材费等收费情况

学校名称	本科生		
	住宿费(元/学年)	教材费(元/学年)	所在地
上海纽约大学	20 300～30 500	6 200	上海
宁波诺丁汉大学	3 000～4 800	2 500	浙江宁波
温州肯恩大学	3 000～12 000	2 000～5 000	浙江温州
昆山杜克大学	9 000	4 355	江苏昆山
西交利物浦大学	2 200	2 000	江苏苏州
北京师范大学-香港浸会大学联合国际学院	3 500～6 400	以当年通知为准	广东珠海
香港中文大学(深圳)	1 200	以当年通知为准	广东深圳
广东以色列理工学院	1 200	以当年通知为准	广东汕头
浙江大学国际联合学院(非独立法人)	8 000	以当年通知为准	浙江海宁

数据来源:根据上述各校官网整理

第三节 中外合作办学收费存在的问题

综上所述,我国中外合作办学收费机制逐步趋于规范,但也存在一些不足和亟待解决的问题。

一、中外合作办学学费标准缺乏比较明确规定

我国现有法律和法规对中外合作办学学费标准缺乏比较明晰的规定,主要表现在关于中外合作办学学费依据不明确。学生的培养成本(生均培养成本)基本没有具体核算,生均成本监审机制基本没有。根据《教育部关于当前中外合作办学若干问题的意见》要求,中外合作办学机构或项目的生均培养成本是制定学费的重要依据。高等教育阶段的中

外合作办学属于准公共产品，准确核算实际教育成本必然是制定学费标准的基础工作。学费与教育效益联系不紧密等问题比较突出，学费制定标准与教育成本使用效率等问题尚不明晰。

二、中外合作办学机构之间收费标准差异较大

中外合作办学机构教育收费实行属地化管理，由于中外合作办学机构收费审批权在省级地方行政部门，我国各省的高校中外合作办学学费标准具有差异性。各省市对中外合作办学的学费制定没有统一的标准与要求，只是通过省内中外合作办学机构间的横向比较，并结合地区经济发展等客观因素进行批准。同一省内的学费标准也不尽相同，中外合作办学机构之间差异较大。

三、中外合作办学机构收费管理制度尚不完善

中外合作办学机构财务管理制度不完善、不透明的现象比较突出，不能有效实行会计核算制度。合作办学中政府既是管理者、监督者又是支持者和引导者，政府规制失灵的问题依然存在。中外合作办学机构的属地教育行政部门不作为或少作为，存在监管缺位，出现了管理断层问题。行政职能部门缺乏衡量办学质量有效手段，无法准确了解学费的使用效率，只能通过行政命令或指导意见的方式对收费情况进行监管。

四、收费与财务收支等重要信息上报问题突出

根据中华人民共和国财政部有关规定，中外合作办学机构或项目实行《民间非营利组织会计制度》。中外合作办学机构或项目的财务会计报告包括会计报表、会计报表附注的收支情况说明书等，依照我国现行法律法规规定，应当将上述材料分送审批机关、税务机关以及举办者。部分中外合作办学机构或项目收费与财务收支等相关重要信息不上报，有些中外合作办学机构或项目向行政机关报送的财务报告、财务报表，

格式参差不齐，个别财务报告中未明确反映真实情况。行政职能部门缺乏可行的方法和渠道对中外合作办学上报数据的真实性进行审核和监督。政府与中外合作办学机构的信息不对称，存在一些对规制者的监督缺位、规制的俘获与寻租、政府的干预失效等现象。

五、收费项目标准等信息公示发布缺失和滞后

根据《中华人民共和国中外合作办学条例》第三十八条、《中华人民共和国中外合作办学条例实施办法》第四十三条之规定，中外合作办学机构或项目的收费项目和标准依照国家有关政府定价的规定确定并公布。目前，中外合作办学机构或项目很多没有按照《高等学校信息公开办法》的规定及要求，向社会和民众公开成本测算依据及方法、收费标准等内容。不能很好地将执行国家定价以及经政府部门审核确定的收费项目和标准发布，并在招生简章或者招生广告中列明。中外合作办学机构还应当公布根据收费项目和标准，用于教学活动和提高办学条件的支出占收取费用的比例以及办学水平和教育质量等相关信息。目前，普遍存在办学过程相关收费信息发布不完整和滞后的情况。收费项目与标准等信息的公示要求落实不够，为进一步加强对中外合作办学收费项目与标准的社会监管带来很大的难度。

六、中外合作办学收费调整听证机制亟待完善

目前，中外合作办学收费调整听证机制没有形成，学费上涨基本不进行听证，导致社会怨声载道，家长学生忍气吞声。依据实际办学成本、教育供求关系以及对比中外合作办学收费现状科学合理地制定收费标准，对中外合作办学项目健康发展具有重要的意义。结合经济社会发展、物价变化及居民承受能力等情况，召集社会各界和利益相关者召开听证会。虽然听证会不是决策会，但其是一个多方了解和听取民意、征求和收集意见的平台，也是一个让社会民众了解情况的窗口。

七、社会教育捐赠等其他收入途径还没有拓展

中外合作办学机构除了学生缴纳的学费外，其他收入途径还没有很好拓展，办学资金来源比较单一。没有建立教育基金会，或教育基金会发挥作用还不够。教育捐赠激励制度不健全、捐赠管理机制缺失、传统“差序格局”文化惯性的影响及捐赠意识失之偏颇，造成中外合作办学机构吸引社会捐赠不力。各级财政对中外合作办学的支持力度不大，政府补贴学生的贷款还有待增强。中外合作办学取得合理回报监管惩罚缺失。中外合作办学者取得合理回报应当符合法律规定的程序，其要求取得合理回报的，必须在中外合作办学机构的章程中做出明确规定，否则就推定为中外合作办学者不要求取得合理回报。如果没有明确规定中外合作办学者要求取得合理回报而取得合理回报的，属于擅自取得回报，应当依照有关规定追究其法律责任。中外合作办学者取得合理回报的前提是中外合作办学机构当年有办学结余，没有年度办学结余就不能取得回报。此方面监管、惩罚的执行力度还不够。

第四节　总结与建议

一、研究结论

综上所述，本章节得出以下主要结论。

(1) 中外合作办学稳步发展，在推进教育体制机制改革方面发挥了一定作用，收费机制亟待完善。总体上，全国中外合作办学处于不断稳步发展且呈上升状态，管理进一步规范、健康发展，办学质量不断提高，中外合作办学正在从规模发展转向内涵发展、质量提升的新阶段。中外合作办学以国际一流大学的标准进行建设、管理和运行，在推进我国教

育体制机制改革方面发挥了一定作用，积极发挥中外合作办学的辐射影响作用，一定程度上带动我国高等教育建设世界一流大学和一流学科。

中外合作办学机构现阶段的收费能基本满足学校的正常运营，可以支撑学校进一步提升教学质量、提高教学设备与教学环境。在持续发展的同时，一些中外合作办学机构及项目运行和管理还存在一些问题，不利于促进中外合作办学内涵发展，社会认可度和国际影响力还要不断提升。中外合作办学收费机制等问题有待进一步完善，依法依规办学，提高社会满意度。

(2) 教育部相继发布了一系列规范性文件，对加强中外合作办学收费监管发挥了重要的作用。教育部重点推进"两个平台"(监管与认证)和"两个机制"(评估与处罚)建设，进一步规范中外合作办学秩序，提高办学质量，促进了中外合作办学更健康发展，持续满足广大民众对享受优质教育资源日益增长的需要。

教育部采取了四项措施加强中外合作办学监管：一是依托教育部教育涉外监管信息网，设立教育部中外合作办学监管工作信息平台，通过办学监管信息公示，实施对中外合作办学的动态监管，并根据需要，向社会和广大求学者提供较全面和可靠的就学指导和服务信息；二是加强颁发学历学位证书认证工作，开发中外合作办学颁发证书认证工作平台；三是开展中外合作办学质量评估，建立中外合作办学质量评估机制；四是强化办学单位和各级管理部门的责任，建立中外合作办学执法和处罚机制。

(3) 中外合作办学机构与项目收费高不等于乱收费，其收费标准及其收费合情、合理、合法。由于中外合作办高校没有普通高校教育经费的生均教育事业费拨款等，学校运转基本依靠学费。中外合作办学的人才培养目标和培养方案由中外双方共同制定和实施，双方建立质量共同管理机制。培养目标主要有国际化理念、国际化视野、创新创业能力、通晓国际规则、参与国际事务、具有国际竞争力、跨文化交流、复合型人才、应用型高端人才实践能力、专业和外语等。

中外合作办学相较于普通高等院校，一是培养既满足国家需要而又面向国际竞争需求，适应国家社会经济发展需要的国际化人才；二是培养兼具理论知识与实践能力的专业人才；三是培养高层次复合型人才，具有全面发展、创新创业精神和高素质；四是实现了不出国便可享受国外优质高等教育资源中外合作办学的意愿。“4＋0”培养模式占比85.07％，“2＋2”培养模式占比4.48％，另外还有混合培养模式（“4＋0”“2＋2”）、3＋X培养模式（“3＋2”“3＋1”“3.5＋0.5”），硕士生培养在国内培养占比80.56％。可见，中外合作办学为广大学生们提供了一条在国内就能以相对低廉的价格获取国内外优秀教育资源的途径。

中外合作办学机构和项目必须在获得省级及以上教育行政机关批准后，就合作办学的收费项目和标准向国家有关部门提出申请，经核准后方可凭收费项目许可证和核定标准进行收费。未经备案批准，办学者不得擅自增加收费项目和提高收费标准。中外合作办学机构学费标准依照国家有关政府定价规定确定，收费基本依据中外合作办学收费相关的文件执行。一是收费项目和标准符合国家规定，并经收费主管部门核准；二是向社会定期公布收费项目和标准，且与中外合作办学的招生简章和招生广告宣传中的承诺相符；三是中外合作办学的收费标准及项目与生均培养成本相比合理；四是中外合作办学机构收取的费用主要用于教育教学活动和改善办学条件，教学经费占学费收入达到规定的比例；五是要求取得合理回报并被批准的中外合作办学机构不超出规定的限值。有中外合作办学项目出现个别问题，已经责令其限期整改，整改不合格的已经取消其中外合作办学资格。

（4）中外合作办学按照生均教育成本制定学费标准，培养成本增大，生均教育成本差距较大。中外合作办学的培养成本总额＝直接人员费用＋固定资产折旧＋直接教学费用＋间接人员费用＋公用费用＋科研费用＋外方教师费用（主要是外籍教师和付给外方合作学校的费用）。

从办学层次上看，具备中央部属高校办学标准的中外合作办学的生均培养成本比具备地方高校办学标准的中外合作办学的生均培养成本高，办学区域经济越发达差距越大。专职教师职称比例与生均公共费用支出是造成差距的主要原因。

从办学类型上看，财经政法院校与工科农林院校之间的生均培养成本存在差距，办学区域经济越发达，这种差距越小。不同的办学类型导致生均固定资产折旧不同，行政用房折旧与通用设备折旧是产生以上结果的主要原因。

从办学区域上看，办学区域通过影响固定资产价格、教职工工资标准两方面来影响最终的生均培养成本。办学区域经济越发达，固定资产价格和教职工工资标准越高，通过扩大办学层次与办学类型对生均培养成本的影响产生综合效应。从合作国家的角度来看，外方教师的年工资标准对教育成本的影响是独立的，不受其他因素如办学层次、办学类型或办学区域等的影响。这意味着不同合作国家对教育成本的影响保持相对稳定。以英国为基准对合作国家进行比较，发现与其他国家合作的中外合作办学项目在生均教育成本上存在显著差异：与美国合作的项目平均每生成本高出 1 429.73 元，而与澳大利亚合作的项目则平均每生高出 1 319.69 元。这些数据清晰地展示了不同合作国家在教育成本方面的差异化影响。

收费标准制定的原则：①谁受益、谁承担。中外合作办学项目是一种“准公共产品”，其办学成本应按“谁受益、谁承担”的分担机制由国家、受教育者个人和社会共同承担。国家以生均定额拨款的方式来支持中外合作办学机构发展，是中外合作办学机构办学经费来源的主渠道；受教育者以交学费的方式补偿教育成本；社会以缴纳税金的方式来扶持学校的发展。②家庭支付能力。任何收费标准的制定，需充分结合社会经济的发展状况，特别是费用的直接承担者的经济实力，定价依据、理由再充分，若超出普通家庭的支付能力范畴，会影响中外合作办学项目生源数量及质量，也会给社会带来一定的负面影响。所以，中外合作办学项目收费标准的制定，必须结合学校所在地的经济发展、受教育者家庭的经济收入等情况来确定。③分类制定。中外合作办学项目办学主体、合作方式多样，其学费的制定不能搞“一刀切”“一个价”等模式，需分类制定。以生均培养成本为主要依据，办学主体是公益性质的，由主管的教育、物价部门审定；办学主体是非公益性的，由办学单位自主定价并报主管部门备案后，向社会公示、公布后实施。④弹性制定。中外合作办学项目收费标准的制定要有灵活性，第一次制定的收费标准不一定体现科学性、公平、合理性，需结合办学成本的变动、社会经济发展的动态进行修正和完善。

(5) 中外合作办学一流高校的收费相对高，人有所求物有所值，享受国外优质高等教育资源。中外合作办学机构中一流高校在办学理念上与国内普通高校有明显区别，就是注重培养复合型的国际化人才。中方院校层次不断提高，“985 工程”“211 工程”“双一流”高校占比 48.75%以上(个别高校没有计入统计)，一流高校与国外高水平大学强强联合，以国际一流大学的标准进行建设与发展，满足了广大民众不出国便可享受国外优质高等教育资源日益增长的需要。

在外籍教师比例方面，外籍教师由外方院校选派、全球公开招聘，多为教学实力雄厚、学术成果突出、实践经验丰富的优秀人才。据统计，目前中外合作办学机构中外籍教师比例约占教师总数的 37.67%，超过 50%的机构外籍教师占比 26.67%。中外合作办学机构教师具有研究生及以上学历的人数高达 92.32%，其中拥有博士学位的教师人数占全部教师人数的 60.68%。所有外籍教师中，共有 1 314 名教师拥有博士学位，占总数的 68.22%。

2018 年，中外合作办学项目中外籍教师占 23.34%。外籍教师比例相较于 2017 年 23.28%的占比略有上升。本科项目平均每项目有外籍教师 8.28 人；硕士项目平均每项目有外籍教师 7.69 人；博士项目平均每项目有外籍教师 7.77 人。外籍教师来源国分布呈现越来越广泛的趋势。目前，有来自五大洲美国、英国、俄罗斯、澳大利亚、加拿大、韩国、德国、法国、爱尔兰和日本等 91 个高等教育发达国家和地区的外籍教师从事中外合作办学项目的教育教学工作。在课程体系方面，中外合作办学的课程虽然大多是从外方合作大学中引进的，但这种引进并不是照搬照抄，而是结合了当地或学校的实际情况，进行吸收与融合，从而形成了新型课程。例如，西交利物浦大学现有本科专业 31 个，其中仅有 8 个专业的课程与英国利物浦大学一致，其余专业的课程内容都进行了一定程度的本土化改造，有些甚至有较大幅度的创新。

2018 年，中外合作办学机构所引进的外方核心课程占所有核心课程的 53.57%。在 80 家机构年度报告中，71 家机构提供了引进专业核心课程信息，15 家机构引进外方的专业核心课程低于其所有专业核心课程的 1/3，占所有核心课程信息机构总数的 21.13%；28 家机构引进外方的专业核心课程比例达到了 1/3 的要求，占核心课程信息机构总数的 39.44%；28 家机构引进外方的专业核心课程比例达到 80%以上，占比 39.44%；10 家机构引进专业核心课程比例为 0%，占引进专业核心课程机构信息机构总数的 14.08%。

通过分析可见，绝大多数中外合作办学机构引进外方优质资源相对充足，引进的外方课程、专业核心课程、外方教师教学课时数等优质教育资源数量上都能够达到教育部要求的四个 1/3 以上。

在外籍教师所教授的专业核心课程课时数方面，据统计，浙江大学爱丁堡大学联合学院、中国科学院大学中丹学院等 10 余家机构的外籍教师所教授的专业核心课程课时数超过了总课时数的 1/3，如广东以色列理工学院外籍教师教授的专业核心课程课时数占其总课时数的 95.30%；从引进外方专业核心课程方面看，2018 年中外合作办学机构引进外方专业核心课程占比为 100%的机构有宁波诺丁汉大学、上海交通大学密西根联合学院、深圳北理莫斯科大学、浙江大学伊利诺伊大学厄巴纳香槟校区联合学院等 11 所，引进外方课程的占比高于其所有课程的 1/3，占所有机构的 65.71％。

在使用教材和教学方式方面，中外合作办学项目课程所用的教材中使用国外教材的课程占比为 33％，学生有更多机会接触国外的专业词汇和表达，拓宽学生的国际化视野。广泛使用外文开展教学，使用原版教材，保证外方教师课程数量，规定外方授课学时比例。同时，在国内阶段增设语言强化课程，部分机构采用小班化学习和讨论式的教学方式。

由于课程体系、授课方式方法、师资环境等各方面的不同，中外合作办学项目培养的学生在课程选择、知识学习等方面，有更多的自主选择机会，从而培养学生较强的学习自主性。

中外合作办学对学生设定的培养要求除拥有与国际接轨的专业素养以外，还包括熟练掌握相关外语、参与国际事务合作与竞争，这是所有项目人才培养的综合能力要求，重视全方位培养学生的外语能力，对学生的入学成绩、日常教学、外方课程等在外语方面都有明确的要求。此外，一些本科及以上中外合作项目的教学计划都提供赴外方大学学习的机会，以培养学生较强的跨文化沟通能力和国际竞争力。

(6) 中外合作办学机构个别学费虚高，与其办学条件、引进资源、办学质量与水平不太相符。某直辖市不具有法人资格的中外合作办学机构，学费达到每生每年 15 万元，与其办学条件、办学质量与水平不太相符。仍有个别机构在引进优质资源程度方面尚没有达到相关要求。引进的外方课程、专业核心课程、外方教师教学课时数等优质教育资源数量上还不能够达到教育部要求的四个 1/3 以上。2018 年，教育部印发《关于批准部分中外合作办学机构和项目终止的通知》，依法终止 234 个本科以上中外合作办学机构和项目；2019 年上半年也有一些中外合作办学项目变更。

二、若干建议

针对我国中外合作办学收费机制中存在的一些不足和亟待解决的问题，提出如下建议：

(1) 制定科学合理、管理规范的中外合作办学收费政策，建立让利益相关者满意的收费机制。构建中外合作办学收费定价机制，依据实际办学成本与教育供求关系，科学制定中外合作办学收费标准，对调动中外合作办学合作各方积极性、为教育消费者提供一个规范的教育市场具有重大的意义。

动态调整收费标准。完善培养成本分担机制，建议地方人民政府按照规定的管理权限和属地化管理原则，综合考虑经济发展状况、培养成本和群众承受能力等因素，合理确定学费、住宿费标准。有条件的地方政府可以参照普通高等学校的标准，建立对中外合作办学机构拨款、资助水平等相适应的收费标准动态调整机制。适应中国国情，既要满足人民不断提高的对优质教育的需求，又要顾及中层人群的收入水平。

(2) 建立自评他评相结合，第三方参与的评价体系，促使中外合作办学收费机制更加完善。以办学政策为突破口，建立与完善中外合作办学的质量评估体系。教育部负责中外合作办学评估工作，各省级教育行政部门根据教育部评估工作的具体安排，负责本行政区域内中外合作办学评估的组织与协调工作。

评估中外合作办学的办学效益，提升办学成本的使用效率。注重办学成效与学费标准之间的联系、鼓励中外合作办学更有效率地使用办学资金，是科学制定学费标准应达成的深层次目标。教育主管部门等审批机构应联合社会第三方，定期评估与监督中外合作办学的办学成效，公布相关信息。以评促建，促使中外合作办学收费机制更加趋于完善。

(3) 教育部和各省市相关部门要对中外合作办学的收费机制发挥监

管作用，严格退出机制。立足于为社会和中外合作办学机构，特别是为中外合作办学的广大求学者提供更有效的行政监督和服务。利用教育部的中外合作办学监管工作信息平台和督查热线，加强主管部门和全社会对中外合作办学监督，促进中外合作办学健康发展。

与同级同类其他中外合作办学机构相比较，对于收取费用高、用于教学活动和提高办学条件的支出占收取费用的比例低，并且办学水平和教育质量低的、中外合作办学者从办学结余中取得回报的比例高于同级同类其他中外合作办学机构，可政策性调整降低其收费标准，甚至对明显违反收费相关政策和规定存在严重问题的，又不能在期限内整改的，终止其办学或项目的资格。加强退出机制建设，可以完善从准入到退出全链条闭环监管体系，使监管工作首尾呼应，有利于促进中外合作办学内涵发展，提质增效，有利于明确办学导向。对中外合作办学违规的机构，将依据相关法律法规，采取限期整改、停止招生等处罚措施。

落实合作办学中的评估与处罚机制，强化退出机制是深入贯彻落实中央关于做好新时期教育对外开放工作精神，加强中外合作办学事中、事后监管力度的重要举措；是推动中外合作办学有效服务高等教育改革、提升高校国际化水平、促进“双一流”建设的重要抓手。建立中外合作办学执法和处罚机制。有关部门要进一步加强对中外合作办学的学费使用监管，强化办学单位和各级管理部门的责任，建立健全中外合作办学经费投入与使用的监督制度，确保学费优先用于人才培养和内涵提升。

(4) 提高中外合作办学收费信息化程度，确保信息上报准确公开透明，加强社会监督和行政监管。健全中外合作办学的信息公布制度，在提高信息化程度的同时拓展申报平台。根据需要，向社会和广大求学者提供较全面和可靠的就学指导和服务信息。根据现行有关法律法规规定向教育部报备经物价部门批准的各项收费标准、收费项目和流程，抓好现有合作办学中监管与认证两个平台的建设，由教育部依托教育部教育涉外监管信息网统一向社会公布公示，做到收费信息公开化。

中外合作办学机构向行政机关报送财务报告、财务报表，应由主管部门统一格式。建议相关部门对申报单位财务报告的格式和内容进行统一规定，如财务报告中须有年度的收支情况、详细列表、收支情况图表、注明是否有独立账号、是否接受审计部门年度审计、有无相关审计报告等相关重要信息，财务会计报告包括会计报表、会计报表附注的收支情况说明书等。材料要分送审批机关、税务机关以及举办方。

中外合作办学机构上报的信息准确、透明、公开，并且明确反映的是真实情况，不得弄虚作假，便于行政职能部门对中外合作办学收费情况进行审核和监督。探索健全监督与评估机制，地方行政部门要深度融入中外合作办学预算编制、执行、监督全过程，完善细化可操作可检查的绩效管理措施办法，建立健全体现中外合作办学特点的绩效管理体系。强化媒体监督，形成网络、报刊、广播等媒体的立体化格局，发挥第三方的作用，实施对中外合作办学的动态监管。

(5) 结合中外合作办学特点，适时设计《中外合作办学收费管理暂行办法》，走市场化道路。中外合作办学经费主要来源为学费收入与举办方投入，国家教育财政支持较少，属于民办学校范畴。在各方面时机成熟时，依据《民办教育收费管理暂行办法》及其上位法，结合中外合作办学的特点，设计《中外合作办学收费管理暂行办法》。高校中外合作办学以学历教育为主，办学质量与学费定价对社会影响较大，应当建立以中外合作办学自主定价、教育行政部门审核、社会第三方评估、公众听证讨论、价格主管部门批准为主要层级的收费定价机制。

(6) 中外合作办学机构进行学费调整流程要向社会公示，建立中外合作办学收费听证制度。参加人员至少要有家长和学生代表、省人大代表、省政协委员代表、政府有关部门代表(如教育、计划、财政、税收等)、省消费者权益保护委员会代表、教育和社科领域专家学者、高等学校代表和其他利益相关者，允许其他人员报名参加，人数根据情况确定。在听证会前，把各种信息尽可能详尽地公之于众，可委托第三方提出调整收费标准的若干套方案，通过听证会各方代表的充分讨论协商，有助于参加听证会的普通消费者代表能够搜集和听取各种观点，使得听证会的讨论更充分，意见更具代表性，能够真正有助于科学决策和民主决策。

(7) 建议教育部和地方教育行政部门、专业学术机构，在中外合作办学领域进行财务专题引导。定期召开各类专题研讨和交流会，帮助中外合作办学机构及时领会国家政策，在办学中准确落实，同时加强经验交流，推进共同发展。

第六章
中外合作办学高质量发展的对策及建议

第一节　调整办学结构，实现中外合作办学合理布局和发展

目前，我国在高等教育中外合作办学的管理上，要注重对单个项目的可行性分析和办学资质审批，加强对合作办学整体的宏观把握。专业和学科的设置主要依靠市场，但是政府要加大宏观调控力度，改变高等教育中外合作办学的区域发展不平衡及专业、学科设置上的低水平重复的现象。为此，政府应制定相应政策和法规并配以一定的财政支持，加强对高等教育中外合作办学在地域分布和学科、专业布局上的宏观调控，促进经济欠发达地区的中外合作办学，扶持我国急缺、新兴的学科和专业。

在思想方面，应强化中国特色社会主义大学政治属性，坚持办学的正确政治方向，坚持培养德智体美劳全面发展的社会主义建设者和接班人。

在区域方面，应通过制定和实施相应的土地、财政和税收优惠政策，鼓励国外高校到我国西部地区及经济发展相对落后的省、市开展合作办学，加强对沿海地区高等教育中外合作办学的规范管理。

在学科和专业发展方面，应保证学科与专业建设动态调整。应对中

外合作办学的学科、专业的设置和建设进行统筹规划，充分考虑这些学科和专业与我国高校既有专业的关系，突出办学特色；要通过项目的审批与审核把关和财政制度实施，引导、鼓励和支持在基础学科、新兴学科、交叉学科以及前沿科学领域内举办合作办学项目，限制和规范学科设置重复、专业雷同的办学项目的发展。为了实现和加强政府的宏观调控作用，建议中央财政设立必要的目标专款，并使之成为中央对地方建立转移支付制度的重要组成部分，通过目标专款，促进和引导有限的教育资源，优先支持落后地区和基础学科的高等教育中外合作办学。

第二节　构建以融合型为主，多元化的办学模式

我国参与中外合作办学的高校既有部属重点大学、地方本科院校，也有高职高专和成人高校。不同高校在高等教育中外合作办学中的发展定位和办学特色应各有不同。但从目前高等教育中外合作办学的整体来看，合作办学模式较为单一，高校在举办合作办学过程中普遍存在定位和目标不明确、合作办学缺乏特色的问题。

针对此问题，政府应加强相关政策和法规建设，采取分类管理、分类监管和重点推进等办法，引导各高校正确定位，制定不同的合作办学发展目标；引导不同模式的高等教育中外合作办学合理发展，充分发挥各自的优势和作用。

首先，引导国内各类高校在合作办学中正确认识优质高等教育资源的内涵和属性，找准各自发展目标和办学定位，引进符合学校自身发展需要的优质高等教育资源。

对于国内重点大学而言，其核心任务是“研究高深学问，培养拔尖创新人才和创新科学”。教育部明确提出：“我国要努力建设若干所世界一流大学和一批国际知名的高水平研究型大学，紧密结合国家创新体系建

设，集成优质资源，创建一批高水平、开放式、国际化的科技创新平台和人文社会科学研究基地，造就学术大师和创新团队，使之在国际上占有一席之地；要在全国范围内逐步形成布局合理、各具特色和优势的重点学科体系，使一批重点学科尽快达到国际先进水平”。

因此，在中外合作办学方面，政府应积极鼓励营造政策环境，有效地调动境外高水平院校来华合作办学的积极性；应鼓励和推动我国重点大学与世界知名大学和科研机构进行“强强合作”和“强项合作”，有针对性地引进国外的优势学科和特色课程，重点开展基础学科和前沿学科的合作办学，以提高我国重点大学的科研水平和创新能力，努力建设一批国际知名的研究型大学、学科和中外合作办学精品项目；严格限制我国重点大学与国外三四流甚至不入流的大学合作办学。

国内的一般地方本科院校和高职高专学校是我国高等教育大众化的主要承担者，应以服务地方经济，大力发展职业教育，培养实用技能型人才为主。因此，可以积极发挥这类高校的合作办学积极性，鼓励其根据自身办学特点和地方经济发展需要与国外同类型高校、应用技术型大学，在实用技能型学科方面开展合作办学，确保引进国外先进课程、教材及师资，提高办学的实力和水平，为我国培养大批国际化的实用技能型人才。

其次，对不同模式的高等教育中外合作办学，也应制定不同导向的政策措施，扬长避短，充分发挥各种模式的高等教育中外合作办学的作用。例如，从实现引进优质教育资源的目标出发，独立设置模式的中外合作办学机构应该是一种较有效的形式。这种模式的中外合作办学机构拥有独立的事业法人、办学自主权、课程教育系统和内部管理体制，有利于成建制引进国外优质教育资源，有利于促进学校的体制创新和特色发展。但是，由于在教育主权、财务税收管理等方面尚缺乏配套管理制度，目前我国对这种形式的合作办学态度较为谨慎，发展较为缓慢。因此，应加强对独立设置中外合作办学机构的理论研究和政策法规建设，实施积极稳健的发展战略，适当增加独立设置的中外合作办学机构的数量，充分发挥其在引进优质教育资源中的作用。而“双联制”模式中外合作办学项目的实践表明，这种合作办学模式在引进优质教育资源方面的作用非常有限，而且在招生与学费管理、学分转移、学位授予等方面都存在大量的问题。政府应加强对此类项目的规范与管理，严格审批，控制其数量和规模。

第三节　改善管理体制，为中外合作办学提供制度保障

一、加快法律法规修订工作，兼顾政府管理与服务职能

高等教育《中华人民共和国中外合作办学条例》(2003)和《中华人民共和国中外合作办学条例实施办法》(2004)颁布已有二十余年。随着时代发展，条例有一定的局限性和滞后性，很难满足现阶段我国高等教育对外合作办学发展需求。政府应加强中外合作办学研究工作，为修改和完善实施条例提供理论准备、思想准备、法律法规准备，加快《中华人民共和国中外合作办学条例》和《中华人民共和国中外合作办学条例实施办法》修改进程。同时，政府应充分发挥管理职能，增强教育行政部门服务职能。重点突出教育行政部门作为服务者应承担的义务，做好解释、引导、扶持等服务工作，兼顾和保障中外合作办学单位和学术的利益，让政府成为中外合作办学的推动者和服务者。

二、建立对中方院校的保护制度，维护我方院校和学生利益

《中华人民共和国中外合作办学条例》和《中华人民共和国中外合作办学条例实施办法》缺乏对中方院校的保护，且国际仲裁程序复杂，导致外方院校违约成本低，若外方院校单方面终止合作，我方院校和学生利

益将受到损害。教育行政部门应建立外方院校征信系统，注重外方院校在本土国评价，一旦出现违规行为，则列入黑名单，在一定时间内，不允许其在中方办学。一方面，保护中方院校和学生利益，另一方面，也对外方院校起到警示作用。

三、加强资质鉴定管理，建立符合国际标准的资质鉴定规范

目前，我国已经建立了国外高校资质信息查询平台，主要通过审批制和许可证制来评估外方院校办学水平，目前对外方院校资质鉴定还有待加强。核查外国院校设立的合法性及其所属国获得认可的有效性，是引进优质教育教学资源的重要保证。在选择外方院校过程中，仅仅依靠国外认证与评估是不可取的，这些认证与评估很多只保证其评价能满足基本标准，无法反映其真实办学质量及学术能力。

（1）政府应建立与国际认证标准接轨的符合中国国情特点的资质鉴定规范，把握好外方院校的资质审批权。建立有效的质量认证和评价体系，对希望与中国建立合作关系的外国机构进行综合评估（包括资格等级和学术能力），建立跟踪系统，及时掌握外方院校信息，禁止不合格外国学院的准入和避免不合格的教育资源进入中国。

（2）加大审批机构风险管理，加大对审批人员的资质培训，审批机构不仅要核实外方学校信息，同时要对信息的真实性承担责任，对审批结论承担责任，同时将审批信息通过网络公布，提高审批机构水准。

（3）拓宽外方院校资质信息来源，设立境外认证机构，通过我国境外访学人员、境外留学人员及大使馆等，推进实地考察，全面深入鉴定外方院校办学质量。

四、推进国际科研交流合作，实施师资管理“引进来”“走出去”的策略，全方位推进人才培养与选拔

一方面，近些年来，中外合作办学单位外籍教师呈现开放、流动的特

点，与此同时也给院校教育带来了不稳定性。建议相关部门要坚持“引进来”原则，更新管理理念，吸引海归人士，采取措施吸引外国专家、学生及海外学子充实教师队伍，多层次、多样化引进海外优秀人才，从而提高中外合作单位学科建设和国际学术交流水平。

另一方面，坚持“走出去”原则，借助外方院校力量对中国教师自身工作情况进行全面“体检”，培养本土教师具有国际意识。通过采取措施支持具有一定工作经验的教师到国外访学、考察和开展合作研究。提高自身国际视野和跨文化交流能力，促进师资与国际接轨，以此得到其他高校及社会的认可。

五、完善教育教学管理体系，加强教学质量全过程监管

(1) 加强政府监管，建立全过程教学质量监督体系，确保外部质量保证体系完善。定期对学校专业设置、课程教学进度、教学计划等方面进行审核，并获取学生评教数据，有效监管教学质量。

(2) 构建灵活多样的个性化人才培养方案，制定明确的课程评分标准，采取多元主体评价等有效方式评判学生学习目标是否达成，真正实现以学生为中心，加强课堂教学管理。

(3) 将学生学习结果作为重点考核中外合作办学的质量评价标准，减少以分数为中心的考核评价体系，新增学校学生自我评价、专家现场考查、专家意见公开透明的考核评价方式。

六、建立完善学历学位证书评估中心，推动国际学位学历认证标准和体系一体化

建设学位学历证书管理制度是关系学生权益及学校权益的重要内容。一方面相关部门应联合建立完善的国际评估中心，中外合作办学单位应积极拓宽与各国高校尤其欧洲发达国家高校合作路径，提高我国高等教育国际认可度，通过更多途径让各国高校了解我国教育实际

情况。

另一方面政府应积极推动国际学位认证标准和查询体系一体化，虽然各国经济实力不同，对教育的要求及投入存在很大的差异，但如果能共建共享学位学历认证网络查询平台，那就有利于实现人才自由流动，实现跨地区人才信息透明化。

七、完善学费合理回报相关政策与法规，增强教育公益性

中外合作办学属于“公益性事业”，这是我国在发展高等教育中外合作办学中始终要坚守的一条原则。《中华人民共和国中外合作办学条例》及《中华人民共和国中外合作办学条例实施办法》对此都作了明确规定。但是，对“合理回报”如何界定，对要求“合理回报”和完全公益性的中外合作办学机构（项目）如何分类，在税收与外汇上执行什么标准等方面，政府都尚未制定科学、可行的法规或管理办法。造成我国在中外合作办学的税收和财务管理方面出现很多问题，教育的“公益性”与“营利性”之间的矛盾突出。为此，教育部下发的《关于进一步规范中外合作办学秩序的通知》中再次明确指出：“要坚定不移地坚持中外合作办学的公益性原则，要端正办学指导思想，抵制和纠正将中外合作办学当作学校创收手段的错误认识和做法”。

(1) 加强中外合作办学者在合理回报方面的监管与惩罚力度，完善合理回报相关政策与法规，明确合理回报性质和界限，对于要求合理回报的中外合作办学机构制定严格的财务管理与审批制度。接下来，政府和教育行政部门应进一步完善相关政策和法规，明确“合理回报”性质和完全公益性质的中外合作办学机构（项目）的划分标准，注意协调和统一教育、劳动、物价、海关和税务等各部门行政法规与管理办法，对完全公益性的合作办学机构（项目）和要求“合理回报”的机构（项目）分别制定严格的财务管理和审核制度，实行分类监管办法，保障公益性合作办学机构（项目）的完全公益性，同时也给要求“合理回报”的合作办学高校提

供科学的管理制度，在保障教育公益性的原则基础上给予其合理的发展空间。

（2）完善社会捐赠收入财政配比政策，按规定落实公益性捐赠税收优惠政策，发挥各级教育基金会作用，吸引对中外合作办学的社会捐赠。

第四节　建立与完善合作办学监管体制和质量保障机制

一、建立分类管理监管制度，试点放宽对部分优秀中外合作单位重点项目监管力度

借鉴国外高等教育监管经验，加强多领域多部门协调管理。就英国和澳大利亚跨境教育宏观调控政策来看，其通过多部门协调实施，包括教育部门、外交和外贸部、文化和旅游部、财政部等。中外合作办学监管体系能够有效运行以打破政府部门间的行政壁垒，加强行政部门之间的沟通协调，要求行政部门协同。因此，应实现以教育行政部门监管为主的同时，明确政府相关部门的职责，结合我国高等教育国际化发展趋势制定中外合作办学学科与专业布局、区域结构、税收与外汇管理、出入境管理、资产管理等协同治理政策，创建多领域多部门协调治理国家行政监管机制，最终实现中外合作办学治理科学化、合理化。

一方面，对于不同层次不同类型的中外合作办学项目，根据层次特点，制定适宜的管理方法，采取实地调查、问卷调查、访谈等方式，结合学校类型、专业特色、学科特点选择不同的监管方式。

另一方面，选择部分较优秀的中外合作办学院校为试点对象，放宽监管力度，给予一定的自主权，如颁发及认定毕业证书等自主权。

二、加强中外合作办学信息化监管与沟通

目前，我国高等教育监管主要依托教育涉外监管信息网和中外合作办学监管工作信息平台，这两个平台多用于信息公布与信息查询，缺乏信息反馈与交流平台，我国高等教育行政部门负责收集学校材料和专家评议结果，中外合作办学单位负责提交材料，缺乏信息反馈与沟通渠道。同样的情况也发生在院校内部，学生诉求、社会反响很难及时反馈到学校。

(1) 教育行政部门应打通信息反馈与交流渠道，强化中央与地方办学单位监管信息网络互联与对接，及时反馈专家评议和建议、社会满意度调查结果及学生满意度调查结果。办学单位根据评估结果，结合自身学校办学特点，采取有效的改进措施，生成相应教学行动计划，从而最大限度保证高等教育评估目的是提升办学质量，减少形式化过程，真正做到全过程动态监管。

(2) 各办学单位应建立与完善监管信息网络，强化与学生、教师、社会等群体的沟通，注重学生与教师的身心健康发展，提升他们学习与工作的幸福感。

(3) 进一步发挥社会舆论监督作用，设立与合作办学情况有关的官方微博、博客、公众号、热线、邮箱、论坛等。坚持信息公开制度，如定期发布教育质量报告等信息。

(4) 加强信息收集与发布的科学性和严谨性，建立教育信息供给侧责任制，以确保收集信息的准确性、权威性和真实性。

三、加强资质认证，遵循“为我所用，以我为主”的原则

加强中外合作办学外方院校资质认证是确保中外合作办学“提质增效”的重要环节。目前，国外跨国高等教育资质及办学质量良莠不齐，这就要求我们严把入口关，遵循“为我所用，以我为主”的原则，结合我国实

际需求综合评价外方资质。一方面，外方院校资质认证应遵循“适合的才是最好的”原则，引进的优质资源应符合我国教育教学的学科特点，优质不是指国外一流大学的所有学科，更主要强调的是各学校特色专业和优质课程。另一方面，引进国外优质资源应该与中国高校“门当户对”，在引进外国院校时，充分考虑我国高校现实办学水平，使双方优质资源有效匹配、互补互利。

四、建立完善外籍教师从业资格认证制度，加强从业评估管理

建议尽快完善外籍教师从业资格认证制度，提高外籍教师任教门槛，对国外教师来华任教严把质量关，特别是思想与品行等。

(1) 从外教职教层面了解其执教目的，严格把关外教的师德师风，聘用真正喜欢在中国教学的教师。了解外教个人背景，严格聘用标准，严格把关，确保宁缺毋滥。

(2) 加强从业资格审核，提高从业资格要求，严格把关外教的毕业学校、学历、学位。不能随意安排外教的工作，要招聘真正会教育的外教，结合其教学经历安排教学任务。

(3) 定期开展学生评教成为教学常规检查，开通学生反馈平台，对不合格的外籍教师予以重新认定审批，不因其外籍身份而降低执教要求。

五、加强课程评估，注重课程建设的阶段性、灵活性及科学性

一方面，鼓励高校要加强内部管理，组织专家团队自评互评课程建设，中外合作院校要注意课程设置、教学内容和教学方法等方面带土移植，引进外方院校有效的管理理念和先进的教学理念，同时应该注意对国外课程的消化、吸收、利用、融合与创新。

另一方面，建议相关部门根据我国学科专业结构和经济发展需求，定期评估课程的适应性，深化高校课程教学改革，开发具有本土特色的国际化课程，将课程思政元素融入国外课程体系，以课程为抓手，对学生加强意识形态教育。

六、健全质量评估体系，实现质量评估主体多元化，确保质量评估有效性

中外合作办学集多元利益于一体，在质量保障体系中，要想切实有效地实现质量保障，不仅要吸收中外优秀教育教学经验，更要实现两者有效融合，从而形成区别于传统高等教育的中国特色办学形式。因此，中外双方应本着合作双赢的原则建立长效质量评估体系，兼采中外所长，尽量降低跨文化差异所带来的冲突，构建“管、办、评”分离的运行体系，实行“政府管、学校办、社会评”的质量评估方案。

(1) 健全政府监管质量评估系统，确保政府监管机构依法审批，加大政府部门监管力度。

(2) 推进办学主体质量自我保障，科学设置质量评估标准。我国地域辽阔，教育发展的水平不平衡，办学主体区域性特点强，因此，质量评估体系应符合区域经济发展特点。

(3) 应加强社会第三方独立评价，实现质量评估主体多元化。目前，我国中外合作办学质量评估缺乏学生与家长参与，质量评估主体应涵盖教学管理人员、相关领域专业人士、学生及家长，注重受教育对象评价结果及社会反馈。

(4) 确保教学质量评估的有效性，评估主体应及时公布质量评估结果，并实时跟踪质量诊断与改进情况，注重质量评估的持续性。

(5) 推行中外合作办学质量评估，推进国际化的合作评估。中外合作办学涉及中外双方利益，而外方院校对中国质量评估体系缺少必要了解，采用双方共管有助于加强监管，以提高办学质量。

第五节　改革与完善中外合作办学收费机制

一、大力完善中外合作办学收费机制

制定科学合理、管理规范的中外合作办学收费政策，建立让利益相关者满意的收费机制。依据实际办学成本与教育供求关系，科学制定中外合作办学收费标准，动态调整收费标准，完善培养成本分担机制。建议地方人民政府按照规定的管理权限和属地化管理原则，综合考虑经济发展状况、培养成本和群众承受能力等因素，合理确定学费、住宿费等标准。有条件的地方政府可以参照普通高等学校的标准，包括中外合作办学机构拨款、资助水平等，建立健全相适应的收费标准动态调整机制。

二、加强行政管理部门监管和社会监督

（1）教育部和各省市相关部门要对中外合作办学的收费机制发挥监管作用，严格退出机制。利用教育部的中外合作办学监管工作信息平台和督查热线，加强主管部门和全社会对中外合作办学监督，促进中外合作办学健康发展。严格监督中外合作办学机构用于教学活动和改善办学条件的支出占收取费用的比例，对明显违反收费政策及规定的机构和项目应停止其资格。落实合作办学的评估与处罚机制，建立退出机制，进一步加强对中外合作办学收费的监管。

（2）提高中外合作办学收费信息化程度，确保信息上报准确、公开、透明，加强社会监督和行政监管。一方面，建议相关部门对申报单位财务报告的格式和内容进行统一规定，材料分送审批机关、税务机关以及举办者。确保中外合作办学机构公开与上报的信息准确、透明、公开，能明确反映真实情况，不得弄虚作假。地方行政部门要深度融入中外合作

办学预算编制、执行、监督全过程，对中外合作办学实施动态监管。另一方面，在健全中外合作办学的信息发布、公示制度，提高信息化程度同时拓展申报平台，根据需要向社会和广大求学者提供较全面、可靠的就学指导和服务信息。根据现行有关法律、法规的规定向教育部报备经物价部门批准的各项收费标准、收费项目和流程，抓好现有合作办学中监管与认证平台的建设，由教育部依托教育部教育涉外监管信息网统一向社会公布公示，做到收费信息公开化。

三、发挥利益相关者合作办学的作用

(1) 建立中外合作办学收费听证制度，扩大听证会参会人员的范围。至少要有家长和学生、省人大代表、省政协委员、政府有关部门代表(如教育、计划、财政、税收等)、省消费者权益保护委员会代表、教育和社科领域专家学者、高等学校代表和其他利益相关者，并允许其他人员报名参加。听证会前，把各种信息尽可能详尽地公之于众，可委托第三方提出学费标准的若干套方案，通过听证会上各方代表的充分讨论协商，有助于搜集和听取各种观点，使得听证会的讨论更充分，意见更具代表性，能够真正有助于科学决策和民主决策。

(2) 自评与他评相结合，建立第三方参与的评价体系，促使中外合作办学收费机制更加完善。以办学政策为突破口，建立与完善中外合作办学的质量评估体系，教育部负责中外合作办学评估工作，各省级教育行政部门根据教育部评估工作的具体安排，负责本行政区域内中外合作办学评估的组织与协调工作。教育主管部门等审批机构应联合社会第三方，定期评估与监督中外合作办学的办学成效，公布相关信息。以评促建，促使中外合作办学收费机制更加趋于完善。

四、增强财务分析和资源筹措的能力

(1) 建立健全中外合作办学机构的教育基金会，以弥合社会对教育资金捐赠不足，实现办学资源多元化。中外合作办学机构要加强资金筹措制度建设，引导社会力量加大教育投入。更加注重与国际国内企业、国外教育机构、社会捐赠者的联系，建立完善的资金筹集与管理机构，拓宽中外合作办学成本分担的渠道。各级政府提高制度的激励与约束力，加强非正式制度和社会资本的协同运作。完善社会捐赠收入财政配比政策，按规定落实公益性捐赠税收优惠政策，发挥中外合作办学机构教育基金会作用，吸引社会捐赠。各级财政继续加大对中外合作办学政策与财政的支持力度，加大政府补贴的学生贷款力度与保障，确保满足中外合作办学发展中办学者和就学者的合理需要。

(2) 结合中外合作办学特点，适时设计《中外合作办学收费管理暂行办法》，走市场化道路。中外合作办学经费主要来源为学费收入与举办方投入，国家教育财政支持较少，属于民办学校范畴。在各方面时机成熟时，依据《民办教育收费管理暂行办法》及其上位法，结合中外合作办学的特点，设计《中外合作办学收费管理暂行办法》。高校中外合作办学以学历教育为主，办学质量与学费定价对社会影响较大，应当建立以中外合作办学自主定价、教育行政部门审核、社会第三方评估、公众听证讨论、价格主管部门批准为主要层级的收费定价机制。

(3) 加大对中外合作办学大数据分析管理力度，充分发挥数据治理在财务收支分析中的作用。委托相关专业机构有效整合中外合作办学年报系统、中外合作办学获得国外学位学生注册系统、中外合作办学评估系统、中外合作办学审批申报系统等，争取建立一个统一的大数据分析管理体系，避免重复提交数据，增加有效数据，提升数据实时性，提升中外合作办学发展的学术和政策价值。重点分析收费情况以及财务收支情况分析，形成专题报告。

附录 1

我国高校中外合作办学高质量发展研究调查问卷

尊敬的老师/同学：

您好！我们是来自浙江大学中国科教战略研究院的课题调研小组，旨在对我国高校中外合作办学高质量发展中人才培养机制及现状进行调研。本研究数据仅供学术研究使用，您的资料将被保存密封。您的意见将作为本研究的重要参考，在此对您的支持，我们表示衷心的感谢！

一、基本信息

1. 您的身份是：

A. 教师　B. 行政管理人员　C. 学生　D. 中外合作办学研究和管理人员

2. 所在学校类型为：

A. 部属高校　B. 省属高校　C. 民办高校　D. 其他

3. 您的最高学历为：

A. 专科　B. 本科　C. 硕士研究生　D. 博士研究生

二、我国高校中外合作办学人才培养的现状研究

以下为从已有文献和案例资料中提取出的中外合作办学人才培养机制的关键要素，请您根据已有经验和认知进行评分，请您在1～5分范围内进行评分，1＝非常不重要，2＝不太重要，3＝一般，4＝比较重要，5＝非常重要。在相应的选项上画"√"，各题只选一项。

要素选择	请您在1～5分范围内进行评分，其中，1～5分分别表示：不重要→重要	
学科专业设置	您个人认为该要素的重要程度	
	您个人认为该要素的受重视程度	
科研协同创新	您个人认为该要素的重要程度	
	您个人认为该要素的受重视程度	
校内外实习实训	您个人认为该要素的重要程度	
	您个人认为该要素的受重视程度	
招生过程	您个人认为该要素的重要程度	
	您个人认为该要素的受重视程度	
组织结构	您个人认为该要素的重要程度	
	您个人认为该要素的受重视程度	
国际化师资队伍建设	您个人认为该要素的重要程度	
	您个人认为该要素的受重视程度	
办学经费来源及资金支持	您个人认为该要素的重要程度	
	您个人认为该要素的受重视程度	
中方和外方的教学设施资源	您个人认为该要素的重要程度	
	您个人认为该要素的受重视程度	
人才培养成效评估	您个人认为该要素的重要程度	
	您个人认为该要素的受重视程度	
内部治理体系构建	您个人认为该要素的重要程度	
	您个人认为该要素的受重视程度	

附录 2

访谈提纲

一、总体情况

（1）学校是如何在政策层面给予中外合作办学人才培养倾斜的？

（2）学校开展的中外合作办学人才培养的主要举措有哪些？请简要介绍一下中外合作办学项目的整体情况。

（3）您认为当前开展中外合作办学人才培养有哪些困难与障碍？

二、培养过程和机制

（1）学校中外合作办学人才培养机构或项目在授课和科研训练方面有什么创新举措？

（2）学校对中外合作办学人才培养是如何进行专业和课程设置的？设置原因是什么？

（3）是否有针对中外合作办学人才培养机构或项目学生的校内外实习实训？对于学生的提出问题能力和实际操作本领是否有实际帮助？

三、管理机制

（1）中外合作办学机构或项目的组织架构如何？学生招生和学位授予的特点是什么？如何管理师资团队？

（2）学校是否有专设的中外合作办学学位委员会，其运行有何特点？具体如何实现对中外合作办学项目的学生管理？

（3）如何吸引和激励优秀教师参与中外合作办学机构或项目中？

四、保障机制

（1）中外合作办学机构或项目的师资队伍是怎样的组成结构？现存问题是什么？如何改进？

（2）基础设施资源的分配具体是如何实现的？现存的主要问题有哪些？

（3）中外合作办学研究和培养的资金来源有哪些？是否有稳定的资金获取渠道？

五、约束机制

（1）对于中外合作办学人才培养的成效是如何进行评估的？

（2）贵校中外合作办学机构或项目的内部治理体系有何特点？治理过程涉及哪些主体？

六、人才培养机制影响因素

（1）您认为影响中外合作办学人才培养质量的主要机制要素有哪些？应采取哪些举措提升人才培养质量？在文献阅读和前期调研工作中，我们提取的主要因素包括：培养目标、课程设置、科研训练、师资力量、资金支持、基础设施等六个方面。在实际工作中，您认为比较重要的要素有哪些？原因是什么？

（2）您觉得还有哪些机制要素会在中外合作办学人才培养中产生重要影响？

参考文献

[1] Ahmad S Z. Evaluating student satisfaction of quality at international branch campuses [J]. Assessment & Evaluation in Higher Education, 2015,40(4):488 - 507.

[2] Leask B. Internationalizing the Curriculum [M]. London: Routledge, 2015:12.

[3] Chenchen Zhang. Transnational Higher Education in China: Why Has the State Encouraged Its Development [D]. Stanford: Stanford University, 2003.

[4] Miller-Idriss C, Hanauer E. Transnational higher education: Offshore campuses in the Middle East [J]. Comparative Education, 2011,47(2):181 - 207.

[5] Feng Yi. University of Nottingham Ningbo China and Xi'an Jiaotong-Liverpool University: globalization of higher education in China [J]. Higher Education, 2013,65:471 - 485.

[6] F T Huang. Transnational Higher Education in Asia and the Pacific Region [R]. Hiroshima: Research Institute for Higher Education, Hiroshima University, 2006:35 - 59.

[7] Futao Huang. Transnational Higher Education: A Perspective from China [J]. Higher Education Research and Development, 2003,22(2):193 - 203.

[8] Futao Huang. Transnational higher education in mainland China: A focus on foreign degree-conferring programs [J]. Transnational Higher Education in Asian and Pacific Region, 2010, 10: 21 - 24.

[9] Grant Mcburnie, Christopher Ziguras. Transnational Education: Issues and Trends in Offshore Higher Education [M]. London: Routledge, 2007.

[10] Philip G Altbach, Laura Rumbley. International Faculty in Higher Education [M]. London: Routledge, 2016:76.

[11] Sia E K. Intercultural competence teaching in transnational higher education: a case review of an international branch campus in Uzbekistan [J]. Journal of Education for Teaching, 2015, 41 (4):413 - 424.

[12] Stanfield D, Qi W. Full-scale branch campuses in China [J]. International Higher Education, 2012, 69:13 - 15.

[13] Stephen Adam. Transnational Education Project Report and Recommendations [R]. London: University of Westminster, 2011:30.

[14] 别敦荣."双一流"建设与大学管理改革[J].中国高教研究,2018(9):1 - 6.

[15] 曹灿安.中外广告企业人才需求及培养模式比较研究[D].天津:天津理工大学,2009.

[16] 查强,康静,蒋家琼.中外合作办学研究:一个批判的文化主义视角[J].大学教育科学,2012(2):12 - 19.

[17] 陈春花,尹俊,刘霄,席酉民.共生协同的大学教育模式——基于西交利物浦大学的案例分析[J].大学与学科,2021(2):71 - 79.

[18] 陈晓东,顾永安.转型期新建本科院校人才培养机制探析——基于

价值链分析模型的视角[J]. 教育发展研究，2015(21)：57－63.
[19] 程静. 高校人才培养模式多样化：诠释与对应[M]. 北京：北京工业大学出版社，2003.
[20] 成中梅. 学习型高校的人才培养模式研究[D]. 武汉：华中科技大学，2008.
[21] 董俊峰，倪杰. 我国高校中外合作办学的新走向[J]. 江苏高教，2020(11)：120－124.
[22] 董秀华. 跨境教育的能力建设与我国中外合作办学问题研究[J]. 清华大学教育研究，2007(10)：50.
[23] 段丽华. 新业态下地方高校人才培养机制探析[J]. 高等教育研究，2016(12)：66－70.
[24] 房力明，梁方君. 我国办学体制改革发展历程综述[J]. 高等理科教育，2004(2)：1.
[25] 高明. 我国中外合作办学存在的问题和对策[J]. 中国冶金教育，2009(2)：78－81.
[26] 龚思怡，吕康娟. 中外合作办学机构核心能力建设：一个高校样本[J]. 国家教育行政学院学报，2017(2)：28－33.
[27] 顾建新. 跨境教育发展理念及策略[M]. 上海：学林出版社，2008：274.
[28] 郭强. "双一流"建设高校中外合作办学的路径反思[J]. 高校教育管理，2021(5)：35－44.
[29] 郭强，周南平. 本科层次中外合作办学：现状剖析与路径反思[J]. 学术论坛，2014(10)：158.
[30] 国务院. 国务院关于印发统筹推进世界一流大学和一流学科建设总体方案的通知[EB/OL]. (2015－10－24)[2022－01－12]. http://www.gov.cn/zhengce/content/2015-11/05/content_10269.htm.

[31] 郭治安. 协同学入门[M]. 成都:四川人民出版社,1988:35.

[32] 华长慧,孙珂. 高水平中外合作大学研究——理论建构与实践探索[M]. 北京:高等教育出版社,2018:69.

[33] 黄丹凤. 中外合作办学项目教育质量影响因素分析——以广州商学院为例[J]. 智库时代,2019(10):178-179.

[34] 黄键. 系统层级原理及其在组织管理中的方法论价值[J]. 系统科学学报,2021(2):1-5.

[35] 黄建恩,王义江,张东海,等. 国际化视角下的建筑环境与能源应用工程《专业导论与实践》教学模式改革与实践[J]. 教育教学论坛,2019(9):141-142.

[36] 蒋凯,夏红卫. 高校境外办学的瓶颈问题与应对策略[J]. 江苏高教,2019(11):18-24.

[37] 教育部关于高等学校加快“双一流”建设的指导意见[EB/OL]. (2018-08-27)[2022-02-11]. http://www.moe.gov.cn/srcsite/A22/moe_843/201808/t20180823_345987.html.

[38] 教育部. 关于批准部分中外合作办学机构和项目终止的通知[EB/OL]. (2018-07-04)[2021-12-08]. http://www.moe.gov.cn/srcsite/A20/moe_862/201807/t20180705_342056.html.

[39] 教育部. 关于印发统筹推进世界一流大学和一流学科建设实施办法(暂行)的通知[EB/OL]. (2017-01-27)[2021-12-15]. http://www.gov.cn/xinwen/2017-01-27/content5163903.htm#1.

[40] 教育部. 国家中长期教育改革和发展规划纲要(2010-2020)[EB/OL]. (2010-05-05)[2022-01-06]. http://www.moe.gov.cn/srcsite/A01/s7048/201007/t20100729_171904.html.

[41] 教育部. 中国教育改革和发展纲要[EB/OL]. (1993-02-13)[2022-02-08]. http://www.moe.gov.cn/jyb_sjzl/moe_177/

tnull_2484. html.

[42] 教育部.《中华人民共和国中外合作办学条例》[EB/OL]. (2003 - 03 - 01)[2022 - 02 - 08]. http://old. moe. gov. cn/publicfiles/business/htmlfiles/moe/moe_861/201412/xxgk_180471. html.

[43] 李兰巧. 高等职业教育中外合作办学的特征与特色[J]. 北京青年政治学院学报,2005,14(2):65 - 70.

[44] 李枭鹰. 高等教育原则的规定性、生成理式与生成法则[J]. 江苏高教,2017(9):23 - 26.

[45] 李梅,赵璐. 多元共治下中外合作办学机构的质量保障体系——以西交利物浦大学为例[J]. 大学教育科学,2019(02):114 - 121.

[46] 李盛兵. 跨国高等教育人才培养模式研究[M]. 北京:人民出版社,2010,12.

[47] 李盛兵,夏雪艳. 中外合作办学机构发展的历史、现状与未来[J]. 华南师范大学学报,2015(6):79.

[48] 李阳. 中外合作办学十年(2011—2020 年):发展、成就与展望[J]. 河北师范大学学报(教育科学版). 2021(3):1 - 13.

[49] 林金辉,刘志平. 高等教育中外合作办学研究[M]. 广州:广东高等教育出版社,2010.

[50] 林金辉. 中外合作办学的政策目标及其实现条件[J]. 教育研究,2018(10):70 - 75.

[51] 林金辉. 中外合作办学基本规律及其运用[J]. 江苏高教,2012,01:47 - 50.

[52] 林炜,陶林. 论当前中外合作办学的问题与对策[J]. 南京医科大学学报(社会科学版),2006,(3):250 - 253.

[53] 刘尔思. 我国跨境教育的现状与监管体系构建的路径选择[J]. 教育研究,2010(9):95 - 100.

[54] 刘丽. 高等学校中外合作办学运行机制研究[D]. 成都:电子科技大

学,2011.

[55] 刘同君,秦嫒缓.论高校制度建设的原则及运行机制[J].江苏高教,2011(3):28-30.

[56] 柳旭.提升高校中外合作办学的教学质量探究[J].高教学刊,2020(28):15-18.

[57] 闾浩,赵阳."双一流"视域中高水平行业特色型大学释放国际合作活力的探索[J].江苏高教,2018(8):28-30.

[58] 马健生,田京.高等教育国际化的主要特征——基于高等教育经济属性和文化属性的分析[J].比较教育研究,2017(5):44-52.

[59] 民盟上海市委课题组,金忠明.关于中外合作办学运行机制的思考——以上海纽约大学为例[J].教育发展研究,2012(7):1-6.

[60] 缪园,刘栩凝,杨颖.研究生培养机制初探[J].学位与研究生教育,2007(12):14-17.

[61] 彭姗姗.高校中外合作办学品牌建设研究[D].镇江:江苏科技大学,2016.

[62] 申素平.独立二级学院的法律地位及其与政府的关系[J].中国高教研究,2004(11):51-54.

[63] 覃美琼.中外合作办学现状分析与对策建议[J].高等教育研究,2010(05):37.

[64] 唐振福.我国高等教育中外合作办学质量保障体系建设研究[J].江苏高教,2013(2):28-30.

[65] 王凤兰.中外合作办学的动因及发展对策[J].燕山大学学报(哲学社会科学版),2015,6(2):32-37.

[66] 王志强.新时代高等教育中外合作办学的历史变迁与未来展望[J].黑龙江高教研究,2019(8):74-78.

[67] 吴庆华.试论我国中外合作办学中的若干问题[J].当代教育论坛,2009(17):53-55.

[68] 习近平在全国教育大会上的重要讲话[EB/OL].(2018－09－10)[2021－12－23]. http://www. gov. cn/xinwen/2018-09-10/content_5320835. htm.

[69] 席酉民.以“复杂心智”闯荡世界——席酉民校长在2018年毕业典礼上的讲话[EB/OL].(2018－07－10)[2022－01－05]. http://www. xjtlu. edu. cn/zh/news/2018/07/xiyouminbiyedianlijianghua/.

[70] 徐程.中外合作办学研究生培养模式研究[D].厦门:厦门大学,2014.

[71] 徐洁.我国中外合作办学的现状及其存在的问题[J].中国高教研究,2003(10):59－61.

[72] 许志伟.高校中外合作办学管理模式探析[J].沈阳师范大学学报(社会科学版),2016.30(5):12－13.

[73] 薛二勇.中外合作办学改革和发展的政策分析[J].中国高教研究,2017(2):24－28.

[74] 阳金萍.浅析中外合作办学的教育主权及其维护[J].广东工业大学学报,2004,4(3):19－22.

[75] 杨明全.基础教育国际化:背景、概念与实践策略[J].全球教育展望,2019(2):62.

[76] 姚启和.高等教育管理[M].武汉:华中理工大学出版社,2000:56.

[77] 尧文群.我国高校国际合作办学现状的认识与思考[J].辽宁行政学院学报,2009,11(9):117－118.

[78] 叶林.跨国学位项目的质量保障[M].杭州:浙江大学出版社,2012.

[79] 叶敏.高校国际合作办学的现状与启示[J].湖北科技学院学报,2007,27(4):30－31.

[80] 张东海,桑树勋,高蓬辉,等.建环专业中外合作办学人才培养模式探索与实践——以中国矿业大学中澳合作项目为例[J].高等建筑

教育,2020,29(4):22-31.
[81] 张帆.我国高校中外合作办学现状分析及质量保障对策研究[D].扬州:扬州大学,2013.
[82] 张俊宗.现代大学制度——高等教育改革与发展的时代回应[M].北京:中国社会科学出版社,2004.
[83] 张舒,郭强.高水平大学中外合作办学的发展现状分析——基于37所世界一流大学建设高校的实证研究[J].教育探索,2020(5):26-31.
[84] 周曲.高等教育国际化背景下的中外合作办学研究[D].南京:东南大学,2015:13-14.
[85] 赵素波.我国高等院校中外合作办学人才培养模式研究[D].长沙:湖南农业大学,2010.
[86] 中华人民共和国教育部中外合作办学信息监管平台.教育部审批和复核的机构及项目名单、由地方审批报教育部备案的机构及项目名单[EB/OL].(2021-05-20)[2022-01-22]. http://www.crs.jsj.edu.cn/index.php/default/index/sort/1008.
[87] 中山大学中法核工程与技术学院研发中心各平台一览[EB/OL].(2020-09-21)[2021-12-15]. https://ifcen.sysu.edu.cn/colum/18/news.
[88] 周虹,陈时见.高等教育中外合作办学的现实困境与发展策略——基于利益相关者的视角[J].清华大学教育研究,2017,38(1):31-36.
[89] 周一夫.非独立法人中外合作办学机构管理模式中的权责划分——以浙江大学国际校区为例[J].管理创新,2016(22):15-17.
[90] 朱兴德.中外合作办学新阶段更应注重内涵建设[J].中国高等教育,2017(8):7-9.

后　　记

关注中外合作办学缘起是大学的国际合作与交流职能逐步被学界所接受，笔者开始关注国际高等教育，译著《全球高等教育发展进行时：国际化与未来形态》在上海交通大学出版社付梓。受教育部国际合作与交流司委托，对“中外合作办学收费机制研究”“中外合作办学体制机制研究”“中美合作办学态势、问题及应对策略”“一流多元的中外合作办学问题挑战与路径”“中外合作办学审批与监管”等相关课题进行了专题研究，得到充分肯定。数篇报告被相关部门采纳，《关于中外合作办学规范管理的若干建议》得到中央主要领导批示。于是，笔者开始构思“中外合作办学高质量发展之路”系列，还有“之殇”“之痛”“之痒”。

中外合作办学是我国教育对外开放的重要举措，其办学防范机制、政策布局、教学质量是中国教育国际影响力的重要体现。新时代中外合作办学须秉承人类命运共同体理念，强化中外合作办学顶层设计，坚持人才服务于国家战略，提高教育质量，培养高质量的人才，制定中外合作办学高质量的治理体系，是拓展我国中外合作办学内涵和边界提质增效的突破路径。促进留学人才回国服务、确保教育服务于国家、提高人才培养质量等是中外合作办学亟需解决的问题。为立足社会需求、教育规律、国际环境、家长与社会期望，挖掘中外合作办学政策变迁与革新在政府、学校、社会、学生、家长等层面的现象特征，我们组成了课题组对相关问题进行研究讨论和调研写作。

课题组对江苏、广东、广西、浙江、上海、湖北、山东、河南等省、市、自治区中外合作办学机构和项目，通过实地调研考察、线上访谈以及文本和网络资料分析多维互证，向30余所高校发放了调查问卷，受访者包括教师、学生、家长以及教育主管部门和高校行政人员等利益相关者，基本涵盖了全国中外合作办学的大多地域。

在调研中，该项目引起了我的研究生刘夏（中共北京市东城区委教育工作委员会党校教师）极大兴趣，她便选题“我国高校中外合作办学人才培养机制研究”作为学位论文，随后撰写了本稿人才培养的主体部分。江苏省南京工程高等职业学校团委副书记、浙江大学冯清博士参与了调研与部分写作，对书稿进行了统筹和润色；赵泽源、贺惠惠等参与了书稿整理。诸位对此书的成稿作出了贡献，本书是集体智慧的结晶。

是为之记。

吕旭峰甲辰于浙大紫金港

浙江大学国际联合学院

西交利物浦大学

宁波诺丁汉大学

上海理工大学中德国际学院

河南大学欧亚国际学院

河南工业大学国际教育学院

上海交通大学密西根学院

深圳北理莫斯科大学